AF261931

LE COLONEL NIÈPCE

COMMANDEUR DE LA LÉGION-D'HONNEUR, CHEVALIER DE SAINT-LOUIS

DE L'ORDRE DU MÉRITE MILITAIRE DE BAVIÈRE, — DE LA COURONNE DE WESTPHALIE

OFFICIER DE L'INSTRUCTION PUBLIQUE, — MEMBRE DU CONSEIL GÉNÉRAL

DE SAONE-ET-LOIRE, ETC.

LE
COLONEL NIÈPCE

PAR

M. HENRI NADAULT DE BUFFON

RENNES

TYPOGRAPHIE ALPHONSE LEROY FILS, RUE LOUIS-PHILIPPE

1869

I

Le plus modeste foyer a son histoire, à l'exemple des plus puissants Empires; et les raisons qui engagent à conserver l'histoire des peuples devraient, au même titre, conseiller de recueillir celle des familles, berceau et aliment des peuples.

La famille est une réunion d'individus qui l'honorent par leur caractère ou l'abaissent par leurs vices; il est bon, dès lors, que nous connaissions ceux dont nous descendons afin de pouvoir dire à nos enfants : — « Mes enfants, vous avez une tradition d'honneur à soutenir, ne déméritez pas. » Ou :
— « Votre nom a reçu une tâche, redoublez d'efforts.

Dans les deux cas, cela signifie : — Faites le bien ! »

Mais c'est un vice de ce siècle de négliger les traditions du foyer domestique.

On a tant d'autres choses à faire!

La place, chaque jour plus grande que tient l'individu dans la famille fait tort aux souvenirs. Le passé ne nous appartient pas, le présent passe si vite! La vie moderne est un vaste champ de bataille où les uns cherchent à gagner du terrain, les autres à n'en point perdre : le mot d'ordre est l'intérêt.

Dès lors, à quoi bon l'exemple du passé?

Lorsque la mort nous a ravi ceux que nous aimons, nous les pleurons quelques semaines, quelques mois; puis le temps sèche nos larmes, la vie nous emporte vers d'autres objets, et, après quelques années, il ne reste d'eux qu'une froide inscription sur un tombeau. Dès que nous avons donné à nos morts les regrets que l'usage commande, que nous avons honoré leur cendre suivant notre fortune et notre rang, nous nous regardons comme quittes envers eux.

Grâce au ciel! dans quelques familles le culte du foyer domestique est toujours en honneur; les morts y ont un sanctuaire où se conserve l'enseignement de leur vie.

Un de mes amis, à la fois mon compatriote et mon collègue, s'était donné la tâche pieuse de retracer la vie du père qu'il vient de perdre. Mais, craignant sans doute de ne pas se trouver suffisamment impartial en présence des regrets de sa tendresse, il m'a confié ses notes et remis le soin de son œuvre.

J'ai accepté parce que je n'estime rien d'aussi respectable que la piété d'un fils, et que j'aime à saisir les occasions qui se présentent de parler de notre chère Bourgogne, et de ceux de ses enfants qui lui font honneur.

Voilà pourquoi mon nom se trouve aujourd'hui au bas d'une notice consacrée au colonel Nièpce par les regrets unanimes de sa famille.

II

Nièpce (David-François-Etienne-Pierre) naquit à Châlon-sur-Saône (Saône-et-Loire), ville importante de l'ancienne province de Bourgogne, le 12 septembre 1781.

Son père était Conseiller du roi, et son Procureur en la

Maîtrise des eaux et forêts de Châlon (1); sa mère, Thérèse Reynard de Boissieux, appartenait à une ancienne famille de la province.

Le beau-frère de M. Nièpce, M. Prieur, était Receveur des gabelles à Seurre. Des troubles ayant éclaté dans cette ville à l'occasion de la cherté des grains, un détachement d'artillerie fut envoyé d'Auxonne pour y tenir garnison : le sous-lieutenant Bonaparte le commandait.

Le jeune officier se fit présenter chez Mme Prieur où il connut M. Nièpce, et les membres les plus distingués de cette société bourguignonne renommée par son esprit et ses parfaites manières. M. de Montigny, — l'opulent Trésorier-général des Etats de Bourgogne, ami des savants, savant lui-même, bienfaiteur de plusieurs Académies, — le docteur Maret, père du futur duc de Bassano, — Guyton de Morveau,

---

(1) La famille Nièpce, anoblie vers la fin du XVIIe siècle par l'exercice de charges héréditaires, est originaire de Saint-Désert, près Châlon, où on la trouve honorablement établie en 1595. Elle a fourni diverses branches, et a donné un certain nombre d'officiers distingués à l'armée : elle s'est toujours alliée à la noblesse. — Pierre Nièpce fut contrôleur extraordinaire des guerres et Seigneur du fief du Crochet à Sens. Laurent Nièpce, fut conseiller du roi et son procureur en la maîtrise des eaux et forêts de Châlon. Il mourut le 13 juillet 1793, après avoir transmis sa charge à son fils. Laurent était le grand-père du colonel Nièpce. Joseph-Nicéphore Nièpce, inventeur de la photographie, dont nous aurons plusieurs fois occasion de parler, était d'une branche cadette de cette famille. Nous citerons encore, comme appartenant à cette même branche, M. Nièpce de Saint-Victor, aujourd'hui Commandant militaire du Louvre, qui continue, par ses travaux et ses découvertes, la juste renommée acquise à son nom.

M. Victor Fouque a donné à la fin d'une *Vie de Nicéphore Nièpce*, publiée en 1867, une généalogie détaillée de la famille Nièpce, à laquelle on pourra utilement recourir.

Avocat-général au parlement de Dijon, qui ne songeait pas encore à délaisser la science pour la politique.

Napoléon n'oublia ni son séjour à Seurre, ni la société qu'il y avait rencontrée (1); M. Nièpce, de son côté, aimait à se rappeler qu'il avait vécu chez sa tante sur le pied de la plus cordiale intimité avec le futur Empereur.

Par la suite, ces souvenirs ne furent pas inutiles à la carrière de son fils.

Celui-ci manifesta, de bonne heure, une volonté ferme et une nature énergique.

Moins assidu à l'étude que passionné pour les exercices du corps, il faisait assez habituellement l'école buissonnière, et passait ses journées à jouer au soldat avec ses petits camarades dans les prairies qui entourent Châlon. Ils l'avaient, d'une commune voix, élu pour leur chef. En venait-on aux mains, c'était toujours Nièpce qui figurait au premier rang; aussi rentrait-il chaque soir chez ses parents le visage meurtri et les vêtements en lambeaux.

Maintes fois, — dans ces jeux de l'enfance où se révèlent les instincts de l'homme, — on le vit escalader les murs de

______

(1) Mme Prieur reçut chez elle, à sa table, à Sennecey, le Premier Consul à son retour d'Egypte; il était accompagné d'un enfant de Châlon, Vivant Denon, ami de la famille Nièpce. Mme Prieur aurait encore revu l'Empereur en 1805, lorsqu'il traversait la Bourgogne pour se rendre en Italie avec l'Impératrice Joséphine, et se faire couronner à Milan ; Napoléon lui aurait offert, à cette époque, d'attacher à la maison de sa mère, elle aurait refusé.

la ville et traverser la Saône à la nage. Il se faisait aussi remarquer par son bon cœur, une générosité et une équité peu
communes à son âge.

Il en est autrement d'ordinaire; et l'égoïsme des enfants
pourrait, au besoin, servir d'excuse au nôtre !

Le jeune David ne tolérait jamais une injustice. Il s'in-
terposait pour empêcher la tyrannie des grands sur les petits;
aussi tous l'aimaient et lui obéissaient avec une soumission
aveugle.

Un jour d'hiver, tandis qu'il s'amusait à glisser avec ses
petits camarades, la glace se rompit, un enfant disparut.
Personne parmi les jeunes gens et les hommes faits, présents à l'événement, n'osait porter secours. Soudain Nièpce
s'élance sous la glace, et reparaît bientôt, portant dans ses
bras son petit camarade évanoui.

De telles actions étaient de nature, — on en conviendra,
— à rendre les parents de Nièpce indulgents pour son peu
d'assiduité à l'étude. Aussi ne prêtaient-ils qu'une oreille
distraite aux justes plaintes des Oratoriens, ses premiers
maîtres.

Nièpce avait huit ans lorsque la Révolution éclata.

Sa famille était royaliste; plusieurs de ses membres avaient émigré. Le père de David, fort de l'honorabilité de sa vie et de l'estime de ses concitoyens, ne crut pas devoir quitter la France. Privé de sa charge de Procureur du roi, il s'était retiré dans un ancien fief de famille, à Sennecey, résolu d'y attendre les événements.

Sa confiance n'eût, sans doute, jamais été trompée, si le bourg de Sennecey ne se fût trouvé sur la grande route de Paris à Lyon et Marseille, sur le passage des bandes révolutionnaires qui descendaient sans cesse, comme un furieux ouragan, du midi vers la capitale. L'une d'elles, ayant Barbaroux à sa tête, envahit un jour la demeure de l'ancien Procureur du roi, brisa l'écusson qui en surmontait la porte, abattit à coups de carabine ses girouettes fleurdelysées, et se livra à des menaces et des violences sur ses habitants. M. Nièpce faillit être entraîné à Paris; — ce qui eût été son arrêt de mort. Les excès de ces furieux causèrent un tel saisissement à l'aïeul de David Nièpce qu'il en mourut (1).

Cet orage passé, d'autres succédèrent. Le péril grandissait, et il était certain désormais que le souvenir d'anciens services, l'estime de toute une contrée seraient impuissants à garantir le repos de M. Nièpce et de sa famille.

---

(1) Pierre Nièpce, Procureur du roi, Contrôleur extraordinaire des guerres à Châlon.

Avant la Révolution, il ne passait que la belle saison à Sennecey; le reste de l'année, il habitait Paris avec M. Advenat, son beau-frère, sous-gouverneur des enfants de France.

L'heureuse mémoire du jeune David, la reconnaissance d'un ex-prêtre devenu Jacobin vinrent, pour un temps encore, leur assurer des jours tranquilles.

Cet ex-prêtre, du nom de Mielle, à qui M. Nièpce avait pu rendre quelques services, apprit de mémoire à David Nièpce des vers de sa façon, dont le titre était : — *Le Sans-Culotte*, le coiffa du bonnet rouge et le conduisit au club de la Montagne, à Châlon, où l'enfant les récita.

Il fut applaudi, reçut l'accolade fraternelle, et rapporta à ses parents un procès-verbal qui leur donnait le titre de bons patriotes, et attestait qu'ils avaient élevé leur fils dans les vrais principes républicains (1).

Un semblable témoignage était recherché à l'égal des plus insignes faveurs (2). C'était, plus qu'une satisfaction d'amour-propre, c'était, — au moins pour un temps, — la sécurité.

---

(2) Le colonel Nièpce avait retenu quelques-uns des vers qu'il récita alors, et il se plaisait à les répéter à ses enfants :

> « Je suis un jeune sans-culotte, ami de la liberté.
> » Je viens, au sein des patriotes, rendre hommage à la vérité.
> » Par la plus tendre des mères, par qui cet hommage est dicté,
> » J'adresse au ciel ces vœux sincères : — Vive la liberté, vive l'égalité ! »

> « Quand papa m'apprend l'histoire :
> » — Mon fils, me dit-il, remarque bien
> » Qu'un roi, même couvert de gloire,
> » Ne fut jamais qu'un vaurien. »

La poé ie, on le voit, était à la hauteur de l'inspiration !

(2) A la mort tragique du malheureux fils de Buffon qui porta sa tête sur l'échafaud avant 30 ans, lors de l'inventaire de ses papiers, on trouva parmi les plus précieux, des liasses

Une autre circonstance, celle-ci décisive, vint protéger les jours de M. Nièpce père.

Le représentant du peuple Javoigne, envoyé en mission à l'armée de Lyon, s'était arrêté à Sennecey et avait requis M. Nièpce de le suivre. A Mâcon, il le laissa dans les bureaux de l'Intendance, où celui-ci demeura jusqu'à la fin de la Terreur.

Les excès révolutionnaires dont le jeune David avait eu le spectacle, agirent puissamment sur son imagination et contribuèrent à développer en lui ce grand amour de l'ordre, ce respect des hiérarchies, ce sentiment du devoir qui ont toujours par la suite inspiré ses actions.

Son père, malgré les dangers qu'il venait de courir, n'avait pas perdu de vue le soin de son éducation (1).

volumineuses de certificats de civisme provenant des clubs de Paris, de la Côte-d'Or, ou des réunions populaires de ses diverses résidences. Ces certificats furent impuissants à le sauver.

Daubenton, le savant collaborateur à l'Histoire naturelle, dut la sécurité dont il jouit durant la Terreur, au titre du *berger Daubenton* que lui avait décerné, en souvenir de son *Instruction aux bergers,* le club révolutionnaire de sa section.

(1) Le second fils de M. Nièpce. — Augustin-Laurent Nièpce, né à Châlon le 15 janvier 1784, est mort à Mâcon le 7 novembre 1864, Conservateur des eaux-et-forêts, Chevalier de la Légion-d'Honneur. De son mariage avec Mme Louise de Guinet, il a eu trois enfants : — Stéphane Nièpce, Inspecteur des forêts à Belley ; — Anaïs Nièpce, mariée à M. Charles Pellorce, Président du conseil de préfecture de Saône-et-Loire, Chevalier de la Légion-d'Honneur, distingué par ses capacités comme administrateur, son talent d'écrivain et ses goûts d'artiste ; — Antoinette Nièpce, qui a épousé M. Edouard Dombey, maire de Pont-de-Veyle, membre du conseil d'arrondissement.

Tandis que toute une génération destinée par l'avenir à de grandes choses, s'élevait au hasard, loin des enseignements de la famille et de l'école, entre les émotions de la rue et les déclamations des clubs, M. Nièpce avait confié son fils à un précepteur, M. Briottet, qui, — on doit le reconnaître, — ne se montrait guère plus satisfait de l'application et des progrès de son élève que les RR. PP. Oratoriens.

L'éducation religieuse de l'enfant ne fut pas non plus négligée ; un prêtre, caché dans les greniers de la citadelle de Châlon, lui apprit son catéchisme : ce fut dans une cave qu'il fit sa première communion.

Dès que sa famille eut recouvré quelque sécurité, et qu'il fut permis d'arrêter de nouveau ses regards sur l'avenir, M. Nièpce songea à diriger son fils vers la carrière dans laquelle s'étaient distingués son père et son aïeul. Sa mère, — les mères ont de ces illusions, — le voyant déjà placé dans l'administration des forêts, et aussi par allusion à sa belle venue, l'appelait familièrement le *jeune baliveau*.

David Nièpce était alors un vigoureux adolescent, chez lequel la nature avait largement tenu ce que promettait l'enfance. Agile, adroit, doué d'une santé robuste, plus formé qu'on ne l'est communément à cet âge, il avait la tournure élégante et les traits réguliers : son visage imberbe respirait la résolution et la loyauté.

Un soir, le 1ᵉʳ germinal an VII, il ne rentra pas à la maison paternelle. Le lendemain, tandis que l'inquiétude était à son comble, il reparut avec le costume des volontaires de la République. Il revenait de Givry, petite ville voisine de Châlon, où il s'était engagé dans la 19ᵉ demi-brigade (19ᵉ de ligne), alors au camp de Dijon.

En présence d'une vocation si nettement accusée, mais surtout en face du fait accompli, les parents de Nièpce ne voulurent pas contrarier plus longtemps son désir. On versa quelques larmes à la maison paternelle, on jeta un dernier regard sur cet avenir tranquille, un instant entrevu, et on ne songea plus qu'à bien profiter des derniers instants que le jeune soldat allait passer dans sa famille.

Le 21 mars 1799, Nièpce quitta Sennecey pour se rendre à Dijon. Un mois après, il se dirigeait vers l'Italie avec l'armée que commandait le Premier Consul en personne (1).

Il avait dix-sept ans.

______

(1) En même temps que lui, se trouva à l'armée d'Italie un de ses parents qui devait attacher son nom à l'une des plus importantes découvertes des temps modernes. Joseph-Nicéphore Nièpce, alors âgé de 18 ans, servait comme lieutenant au second bataillon de la 83ᵉ demi-brigade.

III

Au passage du Saint-Bernard, dans les journées du 15 au 21 mai 1800, on le vit toujours au premier rang. Sa joyeuse humeur, son infatigable activité soutenaient ses camarades; il aidait les vieux soldats à porter les canons, à rouler les affûts.

Son chef de bataillon, — un survivant des bandes républicaines qui conquirent la Belgique en trois batailles et envahirent la Hollande sur la glace, — avait emmené avec lui sa femme et son enfant. La mère succombait à la fatigue; Nièpce se chargea de l'enfant, l'assit solidement sur son sac (1), et courut rejoindre l'avant-garde.

On sait comment l'audacieuse entreprise du Premier Consul faillit échouer devant le fort de Bard. Une attaque de

---

(1) Bien des années après cet événement, M. Nièpce, qui était à la retraite et habitait Sennecey, vit un soir entrer à Châlon, dans un hôtel où il dînait, un officier supérieur, distingué par ses manières et sa tournure. L'officier, après l'avoir considéré attentivement, s'approcha en lui tendant les mains : — Colonel, dit-il, vous ne me reconnaissez pas ! Je suis l'enfant qui en 1800 passa le Saint-Bernard assis sur votre sac. Le colonel Nièpce se leva, et, devant un public ému de leur mutuelle émotion, les deux hommes tombèrent dans les bras l'un de l'autre.

vive force était impossible; on essaya de frayer à l'armée un autre passage à travers les Alpes, mais il fallut revenir au pied du fort. Profitant d'une nuit sombre, les Français couvrirent la route d'une paille épaisse, en enveloppèrent les roues des affûts; on porta les canons à dos d'homme, et l'armée passa sans avoir donné l'éveil.

Nièpce prit une part active à ce coup de main qui ouvrait si heureusement la campagne.

A la première rencontre avec l'ennemi, il se jeta impétueusement à la nage dans la Doria, torrent rapide et profond, pour joindre plus vite les Autrichiens. Chargé, avec cinquante hommes de poursuivre, dans la vallée de Fontana-Bua, des montagnards appelés *Barbets* (1), qui inquiétaient le flanc de l'armée, il monta le premier à l'assaut d'une redoute défendue par plus de deux cents hommes, et enleva deux pièces de canon.

Deux montagnards et un soldat ennemi emmenaient son capitaine prisonnier. Nièpce accourt, l'arrache de leurs

(1) Nicéphore Nièpce avait quitté le service après la première campagne d'Italie et s'était retiré avec son frère Claude dans une villa des environs de Nice fort exposée aux incursions des Barbets qui infestaient les montagnes de Gênes. Dès ce temps ils s'adonnaient tous deux à la science et à la mécanique. La panique causée par l'approche d'une bande de Barbets s'était répandue à Saint-Roch où les frères Nièpce avaient leur habitation, ils étaient demeurés seuls dans le village. Un soir, comme ils se promenaient dans leur jardin, ils virent tout à coup devant eux un inconnu qui, après les avoir salués avec politesse, leur dit : — Messieurs, je suis le chef des Barbets; mais ne craignez rien, j'estime votre courage, j'honore votre confiance, il ne vous sera fait aucun mal. Après quoi il disparut par une petite porte ouverte sur le lit desséché d'un torrent.

2

mains; mais il est entouré par des forces supérieures, grièvement blessé d'un coup de crosse à la tête, il a l'épaule
gauche fracassée, et est fait prisonnier à son tour.

On le chargea avec ses compagnons d'armes, les mains
étroitement garrottées, sur une carriole dont les cahots lui
faisaient endurer de cruelles douleurs. Il souffrait de la faim,
de la soif, de ses deux blessures qui n'avaient pas été pansées :
cette marche pénible à travers les sentiers escarpés de la
montagne se prolongea durant deux jours.

Nièpce, dont la fermeté ne s'était pas démentie, soutenait
le courage de ses compagnons.

Pendant que les montagnards délibèrent sur le sort des
prisonniers, et que la majorité est d'avis de les fusiller, Nièpce
parvient, grâce à sa vigueur peu commune, à enfoncer la
porte de la chaumière où on l'a enfermé, brise les liens qui
le retiennent, surprend la sentinelle, la désarme, court délivrer les prisonniers, frappe de sa main deux soldats qui
s'étaient mis à leur poursuite, et rejoint son bataillon sain
et sauf.

Dès que ce trait d'audace fut connu de l'armée, il y éveilla
une vive sympathie.

Le général Maingo envoya à Nièpce un sabre d'honneur,
distinction dont la République ne se montrait pas prodigue,
et qui tenait lieu de la croix.

Cette récompense était accompagnée d'une lettre du général :

« Le courage, brave jeune homme, que vous avez montré
» contre les Barbets, le 18 thermidor dernier, dans les mon-
» tagnes de Gênes, vous a mérité une récompense. Vous
» avez perdu votre sabre en combattant d'après le rapport
» qui m'en a été fait par votre capitaine. Je vous le remplace,
» et c'est à titre d'honneur que je vous envoie ce sabre.

» Sachez, une autre fois, modérer votre vivacité qui a failli
» vous coûter la vie, et n'oubliez pas que la prudence ne
» doit jamais abandonner un guerrier au milieu des com-
» bats. »

La fin de cette lettre, empreinte de l'emphase du temps,
est touchante. Le général républicain, après avoir loué,
ainsi qu'il le mérite, le courage du jeune soldat, le reprend
doucement, comme ferait un père.

Dans ces vaillantes phalanges, il existait des chefs aux
soldats une solidarité d'honneur et de dévoûment. Tous se
montraient fiers de la belle action d'un camarade, parce que
tous se sentaient capables de l'accomplir; les officiers se dé-
vouaient pour leurs soldats, les soldats se faisaient tuer pour
leurs officiers.

Ces traditions n'ont jamais cessé d'être en honneur dans
l'armée française : ce sont elles qui font sa force et assurent
sa supériorité.

Le Premier Consul, informé de l'action de Nièpce, trouva
la récompense insuffisante, et, — le 13 prairial an VIII, — il
le nomma sous-lieutenant au 4e chasseurs à pied (4e demi-

brigade légère), en ayant soin de faire mentionner dans son brevet les divers faits d'armes qui lui avaient mérité son premier grade.

Nièpce assista à la bataille de Marengo; cette courte et glorieuse campagne terminée, il revint dans sa famille se reposer de ses fatigues et soigner ses blessures.

Avec quelle joie il fut accueilli, — les cœurs de mère le comprendront!

Tandis que le père se faisait raconter les actes de courage de son fils, Mme Nièpce versait des larmes au récit de ses dangers, — larmes douces que séchait aussitôt la vue de ces épaulettes si vaillamment conquises!

Généraux et maréchaux ne perdent plus la mémoire du jour où ils ont agrafé leur première épaulette. Les mères, dont les fils, devenus célèbres, ont joué un rôle dans l'Etat, aiment aussi à se rappeler le premier succès de leur enfant!

Cette joie du retour si doucement goûtée, ces instants de repos au sein de sa famille passèrent trop vite.

Nommé le 4 thermidor an X, avec son grade, au 18e chasseurs (18e demi-brigade légère), Nièpce fut désigné pour rejoindre l'armée d'Allemagne (1).

Il passa lieutenant le 5 messidor an XII, et devint, le 22 thermidor de la même année, aide-de-camp du général

____

(1) Avant de gagner l'Allemagne, il avait séjourné quelque temps à Lyon, où commandait le général Petit, originaire de Sennecey, tué en 1809 au pont de Presbourg.

Soyer. Appelé à faire partie de l'armée dite de Batavie, destinée à opérer une descente en Angleterre, il fut cantonné avec son corps à l'extrême droite, à Zeist en Hollande. Décoré au camp de Boulogne le 19 décembre 1803, il passa de l'infanterie dans la cavalerie, qu'il ne devait plus quitter, fit la campagne d'Austerlitz, assista à la capitulation d'Ulm et à tous les faits militaires qui suivirent.

Le 10 août 1807, il épousa à Augsbourg, en Bavière, la fille du général bavarois Baron de Zandt (1), femme supérieure par les qualités de son âme, autant que remarquable par l'élévation de son esprit.

Nièpce fit successivement les campagnes de Prusse, de Silésie, de Pologne, et se trouva à la plupart des grandes batailles qui les signalèrent. Capitaine au 6e hussards (2); at-

(1) Marie-Anne-Joséphine-Louise-Alexandrine-Arnoldine-Barbe de Zandt, née à Dusseldorf (Palatinat), le 11 janvier 1788, était, d'après les énonciations de son acte de naissance, fille de : « Très-noble seigneur Jean-Frédéric Baron de Zandt, chambellan, chevalier » de l'illustre ordre de Bavière et de Palatinat, Baron de Loch-Winchelbausen, grand-maître » général des armées; — et de Dame Anne-Thérèse-Marie-Julie, baronne de Willinghof de » Chelling de Chellemberg, chanoinesse de Stockenberg et de Klarenberg. » — Les parrains et marraines de l'enfant, au nombre de six, suivant la coutume allemande, furent : « L'illus- » tre seigneur de Willinghof de Chelle de Chellemberg; — François Arnould, grand-chanoine » de l'église métropolitaine de Paterborn; — le Baron Louis de Dordt, seigneur de Loch- » Winchelhausen; — Marie-Anne, Comtesse de Spée, chanoinesse de l'illustre chapitre de » Guersheim et Klarenberg; — la Baronne de Wittinghof de Chelle de Chellemberg, abbesse » de Wittmarschen; — la Baronne Joséphine de Zandt, abbesse de Willig. »

(2) Nièpce avait alors 25 ans. Il était de haute taille, habile à dompter un cheval fougueux. C'était un des plus adroits cavaliers de l'armée; ses camarades l'avaient surnommé *le beau hussard*.

taché le 17 juin 1806 à l'état-major du prince de Neufchâtel, major-général de l'armée, il prit part, à Iéna, à la charge de cavalerie qui décida du sort de la journée.

Le 30 novembre 1806, il devint aide-de-camp du général comte d'Hédouville.

Au siége de Glogau, Nièpce fut chargé d'une mission importante près de l'Empereur. Il parvint à éviter les embuscades ennemies et arriva de nuit à la chaumière qui servait de quartier-général. Napoléon était couché; on l'éveilla, l'officier fut immédiatement introduit. L'Empereur se montra satisfait de la manière dont le jeune aide-de-camp avait rempli sa mission. Il le retint, déploya à terre un vaste plan de Glogau, prit des épingles de couleur différente, et se fit rendre compte de l'avancement du siége.

A la fin de l'entretien il releva la tête, et s'adressant à son interlocuteur avec le ton d'une brusque familiarité :

— Comment vous nommez-vous?

— Le capitaine Nièpce.

L'Empereur parut consulter sa mémoire.

— N'êtes-vous pas Bourguignon?

— En effet, Sire.

Il y eut un silence.

— Mme Prieur, qui habitait Seurre en 1789, vit-elle toujours; M. Nièpce, son frère, que j'ai connu chez elle, est-il votre parent?

— Je suis neveu de Mme Prieur et fils de M. Nièpce.

Mme Prieur vit dans la retraite, son mari a succombé pendant la Terreur.

— Capitaine Nièpce, reprit l'Empereur, que puis-je pour vous; vous serait-il agréable de faire partie de la maison militaire du roi Jérôme?

— Je suis aux ordres de Votre Majesté.

Le 17 décembre 1807, Nièpce passa au service du roi de Westphalie et reçut la croix du Mérite militaire de Bavière. Le 4 mars 1808, il fut nommé officier d'ordonnance du roi, avec le titre de Fourrier du palais (1).

Il dut alors quitter momentanément l'armée active; et lui qui n'avait guère vécu jusqu'à ce jour que dans les camps, eut mission de présider désormais aux fêtes d'une jeune cour où l'on s'occupait moins d'affaires que de plaisirs. Son âge, la nature de ses goûts, un instinct inné du beau égal à son amour du bien, une vocation artistique qui n'avait pas encore eu le loisir de se développer, le rendaient singulièrement apte à ce nouvel emploi. Il organisa à Cassel des fêtes qui eurent du retentissement en Allemagne et à Paris. Une, notamment, dépassa tout ce qui s'était vu jusqu'alors. Elle consistait en un carrousel suivi d'un tournoi, où le roi et les officiers attachés au service de la cour parurent couverts de

_____

(1) Il était sous les ordres du Baron de Boucheporn, Grand-Maréchal du palais, lequel s'est plu à rendre hommage aux qualités brillantes de Nièpce.

riches armures; les dames avaient pris les costumes du moyen-âge. La journée se termina par une fête de nuit, un bal et un souper splendide au château de Wilhelmshoëhe.

A quelque degré que fût parvenu alors le luxe de la cour impériale, un tel ensemble de fêtes n'y était pas habituel.

Nièpce en eut tout l'honneur; mais on trouva à Paris que les distractions de la cour de Westphalie étaient trop coûteuses, et le jeune Souverain fut réprimandé par son frère.

Le roi Jérôme conserva toujours le souvenir de ce tournoi fameux; après de longues années, il en parlait encore à son ancien serviteur venu pour le visiter dans sa retraite de Villegenis.

Le 18 novembre 1808, Nièpce fut nommé chef d'escadron, lieutenant aux gardes. C'est en cette qualité qu'il fit la campagne de 1809 avec le contingent westphalien.

Elle s'était ouverte pour lui sous de tristes auspices; le général Baron de Zandt, son beau-père, qui commandait l'armée bavaroise, fut tué devant Landshut entre ses deux fils et son gendre (1). Nièpce se distingua au passage du Da-

(1) Le général baron de Zandt, qui comptait parmi ses ancêtres le fameux Goetz de Berchlichinchen, dit *Main-de-Fer*, célébré par Goëthe, fut un des plus braves officiers de l'armée bavaroise. Connu par son héroïque défense de Dusseldorf contre les Français, il refusa de signer la capitulation d'Ulm et sortit de la place. Appelé à servir la France, il devint le fidèle compagnon d'armes de ceux qu'il avait longtemps combattus, et fut tué dans les rangs de l'armée française. L'Empereur s'attrista de sa mort : — « C'était, dit-il, un brave qui voulait toujours être au premier rang. » Il lui fit élever un riche tombeau dans la cathédrale de

nube, au sanglant et décisif combat d'Anerstaedt. Décoré de la couronne de Westphalie le 5 février 1810, il devint, la même année, major de cavalerie, grade qui équivalait à celui de colonel.

A cette époque, il fut appelé à réprimer à Cassel une insurrection fomentée par les partisans de l'ancien Electeur.

Une nuit que Nièpce était de service au château, un incendie s'y déclara. Il fut le premier à s'en apercevoir, donna l'alarme, courut éveiller le roi et la famille royale, organisa les secours, et contribua par son activité et sa présence d'esprit à sauver un grand nombre de meubles, de valeurs et de papiers précieux. On pensa que la politique n'était pas étrangère à ce sinistre.

Le 4 janvier 1812, Nièpce fut nommé colonel des gardes.

Après avoir un instant commandé le second régiment de hussards (1er mars 1813), il redevint, le 4 août de la même année, colonel de la garde du roi Jérôme.

Lors de la funeste campagne de Russie, il ne s'avança pas jusqu'à Moscou. A peine avait-il dépassé Smolensck que déjà les colonnes françaises, décimées par le froid et le manque de vivres, se repliaient en désordre sur Vilna : il dut suivre avec son corps la marche rétrograde de l'armée.

Landshut. Maximilien I⁰ʳ, roi de Bavière, paya à son tour un juste tribut à la mémoire du général Baron de Zandt. Son nom fut donné à un régiment d'infanterie; lorsque sa veuve mourut à Nuremberg en 1822, le roi voulut qu'on lui rendît les mêmes honneurs qu'à un général en activité de service.

Le froid redoublait. En une seule nuit, Nièpce vit périr presque tous ses hommes; depuis longtemps les chevaux avaient succombé. Quoique son régiment se trouvât alors réduit à quelques soldats, Nièpce crut que tant qu'il lui resterait un seul homme, il aurait ses devoirs de chef à remplir.

Dans cette circonstance il n'avait même pas eu besoin de lutter contre ce hideux égoïsme, dernier terme des catastrophes humaines.

Il compta ses malheureux cavaliers, les groupa autour de lui, et, négligeant les intérêts de sa propre sécurité, s'astreignit à exercer sur eux une active surveillance.

Si un soldat tombait épuisé sur la neige, il courait à lui, rappelait la circulation du sang prête à s'arrêter, le ranimait, et lui rendait bientôt du courage au contact de sa propre énergie. Si d'autres s'attardaient pour défoncer un baril d'eau-de-vie sur un traîneau abandonné, ou dévorer des chevaux morts, il leur représentait que la chaleur factice de l'eau-de-vie est mortelle, qu'en s'éloignant, ils s'exposaient volontairement aux coups des Cosaques; et il les ramenait, malgré eux, à l'arrière-garde, en affrontant les égarements de leur aveugle colère.

Leur détresse était affreuse.

Ils étaient vêtus de guenilles; le colonel ne le cédait en rien aux soldats. Au lieu de son brillant costume (1), il por-

---

(1) Le roi Jérôme avait, pour l'organisation de ses corps d'élite, pris modèle sur la garde impériale. Les gardes-du-corps de Westphalie étaient composés d'Allemands et de Français.

lait pour coiffure un bonnet fourré de femme; une cou-
verture de cheval lui servait de manteau. Des guenilles liées
avec des ficelles entouraient ses pieds et ses mains; son
sabre, — la seule arme qui lui restât, — était suspendu à
une corde passée sur son épaule. Sa longue barbe, ses cheveux en désordre, ses traits altérés le rendaient méconnais-
sable.

S'il conseillait autour de lui la sobriété, il était le premier
à en donner l'exemple. Sachant commander à la faim, à la
soif, il ne se soutenait, depuis le commencement de la retraite, qu'avec un peu de farine d'avoine mélangée d'eau.
Ces habitudes n'étaient pas, au reste, nouvelles. En campagne, il se contentait de placer dans ses fontes deux œufs
durs pour les cas imprévus.

Enfin, après une longue marche et une suite de misères
que la plume est impuissante à décrire, l'avant-garde dont
Nièpce faisait partie opéra sa jonction avec quelques corps de
troupes qui avaient conservé un reste de discipline; le général d'artillerie comte Allix, ami de Nièpce et longtemps son
compagnon d'armes, les commandait. Le général croyait le
colonel Nièpce déjà mort; dès qu'il le reconnut, il ne voulut

L'uniforme de drap blanc à revers rouges, se complétait par la cuirasse et le casque. La cuirasse des officiers était plaquée d'argent avec les lettres J. N., entourées de rayons de ver-
meil. Le casque, richement ciselé, était surmonté d'une crète noire, avec aigrette blanche.
Officiers et soldats portaient la culotte blanche rentrant dans la botte. La richesse du harna-
chement était en rapport avec l'élégance du costume.

plus le quitter et partagea avec lui les quelques ressources qui lui restaient.

Le sort du colonel se trouva adouci.

Un soir que Nièpce et le général Allix prenaient un misérable repas dans une chaumière en ruine, ils virent soudain la porte voler en éclats. Deux hommes couverts de haillons, effrayants de maigreur, se précipitèrent vers la table en poussant un cri rauque. On parvint à les retenir, et Nièpce reconnût ses deux beaux-frères, le Baron Max de Zandt, colonel d'un régiment bavarois, et le Baron Léopold, major de la même arme. Atteints de la dyssentrie, ils avaient les extrémités gelées. Nièpce, par ses soins, et des aliments pris avec réserve, parvint peu à peu à ramener la chaleur et à leur rendre des forces.

Le roi Jérôme avait pu sauver deux millions, provenant du trésor de son armée. On demanda à Nièpce de s'en charger.

A ce moment le désordre était à son comble; les attaques de l'ennemi devenaient plus fréquentes et plus vives. Si l'on était parvenu jusqu'ici à cacher aux Russes une pareille somme, ils ne tarderaient pas sans doute à la découvrir, ou elle tomberait aux mains des pillards de l'armée : se charger de ce dépôt, c'était augmenter son propre danger, sans chances sérieuses de succès.

Cependant Nièpce accepta.

Aucun effort ne rebutait son courage.

Il parvint à se procurer un traîneau et un attelage, y plaça les barils remplis d'or, enveloppa ses deux beaux-frères dans tout ce qu'il put trouver de lambeaux, de linge et de couvertures enlevés à des cadavres, les étendit sur un lit de paille qui servait à dissimuler les barils, et se tint prêt à partir.

Mais quelle route adopter ?

S'il suit l'armée, il s'expose à une catastrophe presque certaine ; les Russes descendent en trois colonnes parallèles pour nous barrer le passage. S'il s'écarte, et qu'il se hasarde dans ces solitudes, il court le risque de mourir de faim ou d'être dévalisé et tué par les Cosaques. Peut-être en remontant vers le nord, et en s'appuyant de loin sur la troisième colonne russe, il ne fera la rencontre d'aucune troupe ennemie.

Mais c'est se replonger dans ce désert de neige, c'est affronter de nouvelles fatigues, courir de plus grands hasards, s'imposer des privations que son tempérament affaibli n'aura peut-être pas la force de soutenir !

Qu'importe, le devoir commande : c'est d'ailleurs la seule chance de salut !

Il trace sa route sur une carte russe qu'il a conservée, et se met résolument en marche, à pied, emmenant ses deux beaux-frères engourdis par le froid, sans mouvement, sans voix, étendus comme deux cadavres sur le traîneau.

Les Cosaques qu'ils rencontrent les prennent pour des paysans russes fuyant vers le nord.

Après deux mois de route à travers des périls sans cesse renaissants, après avoir subi un froid rigoureux et les plus extrêmes privations, Niépce arriva à Cassel, rapportant le dépôt confié à sa loyauté et à son honneur, accompagné par ses deux beaux-frères dont il est parvenu, en quelque sorte, miraculeusement à conserver la vie.

De telles entreprises, conduites et menées à bien par un seul homme, sont dignes des héros d'Athènes ou de Sparte!

Bientôt l'invasion commence; les royaumes alliés de la France ou fondés par elle sont menacés. Le général russe Thernitchoff envahit la Westphalie et s'avance sur Cassel à la tête de 40,000 hommes.

Sa marche a même été si rapide qu'on le croyait encore à la frontière, à l'heure où mettant à profit un épais brouillard, il commençait l'attaque des faubourgs. La veille, il avait pénétré dans la ville sous un déguisement et reconnu lui-même la position; il avait poussé la témérité jusqu'à assister le soir au spectacle de la cour.

Le colonel des gardes est éveillé par les boulets ennemis. Un obus brise les volets de sa fenêtre.

Reconnaître le danger, prendre ses armes, accourir au

château où déjà l'alarme est donnée, mais où règne une dangereuse confusion, est l'affaire d'un instant.

Nièpce attèle lui-même les voitures, y place le roi, la reine et leurs enfants endormis, réunit les gardes, puis sans leur laisser le temps de se reconnaître, fait tirer les sabres et commande la marche.

Aux portes de la ville, un parti de Cosaques se prépare à charger; mais un officier, qui n'a pas reconnu l'uniforme de la garde royale, crie : — « Ce sont des fuyards, laissez passer! »

Le roi avait résolu de se réfugier au sein de l'armée; mais déjà l'armée westphalienne n'existait plus. L'escadron des gardes, — alors presque exclusivement composé d'Allemands, — semblait se fondre à mesure que l'on s'éloignait de Cassel. Bientôt il ne resta à la portière que le colonel Nièpce portant le drapeau du régiment arraché aux mains du dernier garde, au moment où il se préparait à fuir.

Les voitures tournèrent vers la France; et Nièpce ne quitta le roi qu'après qu'il l'eût vu en sécurité dans Mayence (1).

Avant de se séparer de son fidèle serviteur, le roi Jérôme l'embrassa et le dégagea de son serment.

(1) Le désordre régnait à Mayence. Nièpce, ainsi que d'autres officiers français, avaient reçu l'hospitalité dans une des premières maisons de la ville. De nombreux domestiques servaient à table ; le lendemain ils disparurent en emportant une riche argenterie. Les maîtres de la maison les avaient pris pour les laquais des officiers, tandis que ceux-ci les considéraient comme les domestiques de la maison. C'étaient d'adroits malfaiteurs qui avaient mis à profit le désordre général pour commettre cette soustraction audacieuse.

A la première nouvelle de l'attaque de l'ennemi, Nièpce n'avait songé qu'au salut du roi (1).

Chez les âmes de cette trempe, le devoir passe avant l'intérêt, même avant ce que l'homme a de plus cher, les affections de famille.

Son devoir une fois accompli, sa pensée se reporta avec angoisse vers sa femme, ses enfants dont il était sans nouvelles et qu'il avait laissés au milieu des périls d'une ville assiégée. Sa jeune femme, — circonstance qui redoublait ses alarmes, — était sur le point de le rendre père.

Il ne pouvait revenir sur ses pas, et se demandait, avec

----

(1) L'ex-roi de Westphalie ne perdit jamais la mémoire des services que lui avait rendus le colonel Nièpce. Dès que les événements politiques le ramenèrent en France, il s'informa du lieu de sa retraite et manifesta le désir de le revoir. Le colonel se rendit aux Invalides, dont l'oncle du Président de la République était alors gouverneur. L'ex-roi l'embrassa avec effusion, et, le prenant par la main, le présenta aux personnes de sa suite, en disant : — « Je vous présente un brave soldat et un loyal serviteur. »

Il remit au colonel, avec un hommage de sa main, l'histoire de la campagne de Silésie écrite sous son inspiration par le capitaine Ducasse, l'un de ses aides-de-camp. Le nom de Nièpce et celui du général de Zandt, son beau-père, sont fréquemment cités dans cet ouvrage. Le roi Jérôme entretint le colonel des campagnes qu'ils avaient faites ensemble, des faits militaires auxquels ils avaient assisté, et de cette cour de Cassel dont Mme Nièpce faisait l'ornement. Il désira revoir son ancien colonel des gardes et le reçut quelques années après à sa terre de Villegenis.

Dès que le prince Napoléon eût été informé de la mort de M. Nièpce, il voulut s'associer au deuil de sa famille, et écrivit à l'un de ses fils la lettre suivante :

« Paris, le 7 février 1869.

» Monsieur,

» J'ai reçu la lettre par laquelle vous m'annoncez la mort du brave colonel Nièpce, votre
» père. Son dévoûment à mon père et ses services honorables m'ont inspiré pour lui beau-
» coup d'estime et de sympathie. Je tiens à vous exprimer toute la part que je prends à votre
» douleur.

» NAPOLÉON (Jérôme). »

des appréhensions légitimes, ce que sa femme et ses enfants allaient devenir ! Son cœur d'époux, son cœur de père endurèrent de cruelles tortures!

Mme Nièpce, après le départ de son mari, avait dû quitter à la hâte l'hôtel des gardes-du-corps, point de mire des boulets ennemis. Elle s'était enfuie avec sa mère et sa sœur, Chanoinesse de l'un des ordres les plus illustres d'Allemagne, — Sa sœur conduisant par la main les quatre jeunes enfants du colonel, — dans un pavillon au fond d'un jardin. Là, au milieu du bruit de la bataille, tandis qu'une bombe écrasait la toiture du pavillon, et que ses enfants n'évitaient la mort qu'en se réfugiant dans une cave, Mme Nièpce donna naissance à un fils (1).

Le colonel apprit à la fois que sa femme, sa belle-mère, sa belle-sœur, ses enfants étaient à l'abri du danger, et que sa famille s'était augmentée d'un fils (2).

(1) Ce fils était M. Léopold Nièpce, né à Cassel le 3 décembre 1813, ancien Procureur impérial à Rennes, actuellement Conseiller à Lyon, auteur d'une histoire de Sennecey et d'une autre de Tarascon. M. Léopold Nièpce s'est particulièrement distingué en 1851, lors des insurrections du Midi. Il contribua par son courage, son activité, sa présence d'esprit à rétablir l'ordre dans le département du Var, en évitant l'effusion du sang. Dans les inondations du Rhône, il se fit de nouveau remarquer par son dévoûment et son sang-froid.

(2) Le colonel Nièpce a eu, de son mariage avec Mlle de Zandt, huit enfants, dont cinq sont vivants : — Etienne-Pierre-Laurent-Ferdinand Nièpce, né à Cassel le 27 novembre 1809, lieutenant-colonel, commandant la place de Saint-Omer, Officier de la Légion-d'Honneur et de l'Ordre de Pie IX. — Maximilien-François-Louis-Etienne Nièpce, né le 22 juin 1812, lieutenant-colonel en retraite, Chevalier de la Légion-d'Honneur, maire de

De telles joies peuvent avoir un contre-coup funeste. Le cœur le plus brave succombe à une émotion trop vive. Chez Nièpce, la force de l'âme commandait à la sensibilité du cœur.

Toutefois il ne devait pas se voir réuni encore à sa famille. Des femmes seules, des enfants en bas âge ne pouvaient songer à se mettre en route à travers l'Allemagne soulevée.

Nièpce était à Moulins près de son père, conservateur des forêts dans cette ville. Les fatigues de la campagne, ses inquiétudes sur les siens avaient attaqué sa robuste constitution; de fréquents crachements de sang témoignaient de lésions profondes à la poitrine. D'un autre côté, son patriotisme souffrait des malheurs de la patrie.

Dès que commença la campagne de France, Nièpce voulut y prendre part. Sans tenir compte des supplications de son père ni de l'état de sa santé, sans attendre sa convalescence, il courut à son poste, et reçut le commandement d'un régiment de dragons (9 novembre 1814). Ses beaux-frères, demeurés fidèles à la France, combattirent à ses côtés; l'aîné

Sennecey, membre du conseil général de Saône-et-Loire. — Léopold-Antoine-Joseph-Etienne Nièpce, né le 3 décembre 1813, conseiller à la Cour impériale de Lyon, Chevalier de la Légion-d'Honneur. — Bernard-Etienne Nièpce, né à Moulins le 11 mai 1815, docteur en médecine, inspecteur des eaux thermales d'Allevard, membre des Ordres de la Légion-d'Honneur et de Saint-Grégoire-le-Grand, plusieurs fois lauréat de l'Académie de Médecine et de l'Académie des Sciences, auteur de mémoires et d'ouvrages estimés, notamment d'une étude sur les goîtres et le crétinisme. — Mme Locard, dont le mari, ingénieur distingué, est également Chevalier de la Légion-d'Honneur.

Les enfants, on le voit, sont dignes de leur père.

avait eu le pied droit fracassé à Hanau, le second eut le genou traversé d'une balle à Arcis-sur-Aube (1).

Au retour de l'île d'Elbe, Nièpce, qui s'était retiré chez son père, où il avait eu la douce joie de se voir réuni enfin à sa femme et à ses enfants, fut cette fois encore des premiers à rejoindre l'armée.

Il reçut à Troyes le commandement d'une brigade de dragons, — ce qui lui conférait le grade de général de brigade, dont le titre n'allait sans doute pas longtemps se faire attendre. Il organisa à la hâte sa brigade destinée à servir sous les ordres du lieutenant-général de France, et se dirigea à marches forcées sur la Belgique.

Mais quelles qu'eussent été ses diligences, il arriva au lendemain de Waterloo, et dut se replier avec l'armée d'abord sur Laon, ensuite derrière la Loire.

Quelques mois après ce grand désastre, l'armée fut licenciée et le colonel Nièpce placé à la demi-solde.

Il avait trente-trois ans, avait fait presque toutes les campagnes du Consulat et de l'Empire, et était sur le point de passer général !

(1) Le baron Max de Zandt devint, après la rentrée des Bourbons, général commandant la 4ᵉ division militaire de Bavière, colonel propriétaire du 14ᵉ régiment de ligne. Il avait épousé la baronne de Reinach de Steinbrunn. Le baron Léopold de Zandt parvint également au grade de lieutenant-général, commandant la garde du roi ; il a eu plusieurs enfants de Mᵐᵉ Antoinette de Couix.

IV

La retraite ne pouvait convenir à un homme de son âge et de son activité.

Sa fidélité à la cause qu'il avait embrassée demeurait inébranlable; mais, à l'exemple des plus fidèles serviteurs de l'Empire, il ne crut pas manquer à sa conscience, ni violer un serment qui lui avait été rendu, en continuant de servir son pays. Toutefois, comme il n'entrait ni dans ses habitudes ni dans son caractère de se faire solliciteur, il attendit.

Un instant, il put croire que sa carrière allait se rouvrir.

Il se trouvait à Vichy, dont Moulins n'est séparé que par quelques lieues, lorsque la duchesse d'Angoulême y arriva. La Princesse voulut le connaître.

— Où étiez-vous pendant les Cent-Jours, lui dit-elle?

— Madame, près de l'Empereur, mon bienfaiteur et mon Souverain.

— Vous avez bien fait, reprit la duchesse; et elle lui remit de sa main la croix de Saint-Louis.

(17 mars 1815.)

Mais cette circonstance heureuse, pas plus que la bienveillance du duc de Clermont-Tonnerre, alors ministre de la guerre, ne parvinrent à le faire rentrer dans l'armée. Il était de ceux que l'Émigration avait surnommé les *Brigands de la Loire :* c'était une tache que ne pouvaient effacer les plus éclatants services.

Son père ayant pris sa retraite, ils avaient tous deux quitté Moulins pour venir habiter Sennecey.

Dans cette résidence, qui tenait à la fois de la campagne et de la ville, le jeune colonel partageait ses trop nombreux loisirs entre la chasse et le culte de l'art. La chasse, pour laquelle il montrait un goût passionné et une habileté consommée, servait à calmer son activité dévorante; l'art reposait son esprit malade, et lui permettait de développer une vocation jusqu'à ce jour à peine entrevue. Il excella bientôt à sculpter et tourner l'ivoire, l'albâtre, le bois. Sans maîtres, sans avoir jamais pris de leçons, il inventait des dessins et façonnait des meubles, des coffres, des objets d'étagères, dignes, par leur élégance et la finesse de leur travail, des meilleurs artistes (1).

Il s'associa aux premières recherches de Nicéphore Nièpce

(1) Rien n'est aussi merveilleux que les objets en ivoire, en albâtre, en buis, en cuir que le colonel Nièpce a conçus, construits et sculptés ; rien n'égale la finesse, la délicatesse des arabesques, des guirlandes de fleurs, des ornements, d'une variété infinie, dus à son ciseau ou à son burin. (M. Victor Fouque. *Vie de Nicéphore Nièpce,* p. 280.)

qui, dans ce temps, au Gras près de Châlon, inventait la photographie.

Il y avait près de cinq ans que le colonel habitait Sennecey, lorsque, le 15 mai 1820, le duc de Clermont-Tonnerre, qui appréciait ses services et conservait l'espoir de le faire rentrer dans l'armée active, lui confia les opérations du recrutement dans l'Aveyron. Durant cette mission temporaire, Nièpce remplit les fonctions de maréchal-de-camp.

A Rhodez, où il se trouva après l'assassinat de Fualdès, il fit, pour se distraire, le relief en bois de la maison Bancal, théâtre du crime. Ce chef-d'œuvre d'exactitude et d'adresse, que ses enfants possèdent encore, lui attira de nombreux visiteurs ; mais des avis secrets l'engagèrent bientôt à ne point se prêter davantage à la curiosité publique, et à s'éloigner sans retard.

Le jour où il partit de Rhodez, des malfaiteurs attaquèrent la diligence.

On avait quitté la ville à la chute du jour ; deux gendarmes escortaient un envoi du Trésor de 200,000 francs. Le colonel occupait le coupé avec un chirurgien militaire et une jeune femme : les autres compartiments étaient vides.

Au milieu de la nuit, dans un bois de haute futaie, par un temps pluvieux, tandis que les quatre chevaux gravissaient péniblement une côte rapide, des coups de feu se font entendre. Le colonel entrevoit des canons de fusil qui le couchent en joue. Sans prendre le temps de s'armer de son sabre retenu dans les filets de la voiture, il s'élance au dehors; plusieurs hommes, le visage caché par un masque, cherchent à se saisir de sa personne.

Deux cadavres de chevaux embarrassés dans leurs traits, obstruent la route; un gendarme de l'escorte a été tué. On entendait de nouveaux assaillants accourir.

Nièpce, qui s'est débarrassé de ses agresseurs, s'avance au milieu de la route, place ses mains de chaque côté de sa bouche en forme de porte-voix, et crie avec le ton du commandement :

— Capitaine, en avant, chargez (1)!

Les malfaiteurs croient qu'une escorte accompagne la voiture et se mettent à fuir dans toutes les directions.

Le colonel ne perd pas un instant. Il envoie le gendarme qui a survécu demander du secours à la brigade voisine,

---

(1) Ce trait de la vie du colonel Nièpce en rappelle un autre arrivé dans le même temps. Une jeune femme seule dans une chaise de poste, se voit attaquée la nuit sur une grande route par trois hommes armés. Elle présente au premier qui ouvre la portière le canon d'une grosse clef, en s'écriant : — Retirez-vous ou je vous brûle la cervelle! Son ton décidé, un rayon de lune qui jette sur la clef un reflet fauve, l'obscurité de la nuit qui ne permet pas d'en distinguer exactement la forme, produisent une telle impression sur les malfaiteurs qu'ils se dispersent aussitôt.

On ne sait pas assez quelles peuvent être les conséquences d'un premier mouvement. Il inspire la peur ou l'héroïsme, et décide du sort des batailles. Toutes les grandes déroutes ont commencé par la lâcheté d'un seul; si un homme résolu se fût trouvé à temps pour empêcher le premier soldat de quitter son rang, il est à croire que le désastre n'aurait pas eu lieu.

attèle à la diligence les chevaux valides, monte sur le siége, prend les rênes et descend au galop la côte que l'on venait de gravir.

Arrivé au relais, dans une auberge isolée, il rassemble les gens de l'auberge qui lui ont paru suspects, les enferme dans un amas de chaises, de tables, de bancs et les garde à vue, le sabre à la main, menaçant de mort le premier qui tentera de fuir.

Son air résolu ne leur permit pas de compter leur nombre; ils obéirent. Les renforts arrivèrent, tous furent livrés à la justice, et la plupart reconnurent leur participation au crime.

Par sa présence d'esprit et son sang-froid, Nièpce avait empêché qu'une soustraction importante ne fût commise au détriment du Trésor, et avait peut-être sauvé la vie à ses compagnons de voyage.

Les journaux de l'époque rendirent compte de cet événement qui impressionna quelque temps l'opinion publique.

Le 16 décembre 1825, Nièpce fut nommé lieutenant du roi, commandant l'île de Ré, — forteresse importante qui protége à la fois La Rochelle et Rochefort.

Il se rendit immédiatement à son poste, emmenant sa femme et ses six enfants (1).

---

(1) En allant se fixer dans sa nouvelle résidence, le colonel Nièpce apporta à Paris les premières épreuves photographiques obtenues par Nicéphore Nièpce, bien avant que Daguerre

C'était un lointain et coûteux voyage ; peut-être le colonel ne resterait-il pas longtemps dans ce poste. Il n'en persista pas moins à se faire accompagner de sa femme et de ses enfants. A ses yeux, c'était un devoir pour le militaire et le fonctionnaire civil qui obtiennent un commandement, — le plus souvent après l'avoir sollicité, — de se dévouer sans réserve au service de l'Etat.

La famille du fonctionnaire fait partie delui-même ; et il relève singulièrement sa fonction, si le public le voit entouré d'une famille aimable ; s'il a à ses côtés une femme gracieuse, empressée d'accueillir ses collègues et ses subordonnés.

Avec les progrès de l'égoïsme social et les exigences du

n'eût encore rien produit. M. Victor Fouque a noté cette circonstance dans sa *Vie de Nicéphore Nièpce*, p. 117 et 118... « Au commencement de janvier 1826, Nicéphore apprit que son cousin M. le colonel Nièpce, de Sennecey-le-Grand, était sur le point de partir pour Paris ; il pria le colonel de lui acheter chez MM. Vincent et Charles Chevalier, ingénieurs-opticiens, divers objets, notamment une chambre obscure à prisme mécanique. Outre la note de ses commissions, Nicéphore remit à son cousin plusieurs épreuves héliographiques. Le colonel partit, en effet, le 8 janvier pour aller prendre le commandement de l'île de Ré, en remplacement du général Ordonneau, appelé a d'autres fonctions. Le 12 du même mois, le colonel Nièpce était à Paris ; il se présenta chez MM. Chevalier et leur apprit que depuis longtemps son cousin Nicéphore Nièpce s'occupait, avec succès, de fixer, au moyen de procédés qui lui étaient propres, les images reçues dans la chambre obscure. MM. Vincent et Charles Chevalier ayant témoigné l'excessive surprise que leur causait une nouvelle aussi extraordinaire, le colonel leur montra l'une des épreuves héliographiques de Nicéphore, représentant *une jeune fille filant sa quenouille*. Ces Messieurs tombèrent en admiration devant cette merveilleuse image. »

Cette assertion se trouve confirmée dans l'ouvrage que M. Arthur Chevalier a consacré à la mémoire de son père. (Paris, 1 vol. in-8°, 1862. — Pag. 19.) — « La photographie n'était encore qu'une espérance, même pour Daguerre, lorsqu'un parent de Nicéphore Nièpce nous apprit que ce savant et modeste investigateur avait le désir d'essayer notre nouvelle chambre obscure à prisme, et de l'employer dans les recherches qu'il faisait *sur la fixation des images lumineuses.* »

luxe, on en est venu à considérer les fonctions publiques, non comme une charge, — ainsi que le vieux mot l'indiquait, — mais comme un avantage laborieusement conquis, un capital viager dont on est en droit de tirer le meilleur parti possible. Aussi voyons-nous chaque jour s'accroître le nombre des fonctionnaires qui vivent seuls, en garçons, loin de leur femme, dans la ville où ils exercent leur autorité. Cet arrangement est plus commode et moins coûteux ; mais un tel oubli du devoir ne saurait être blâmé avec trop d'énergie.

L'honnête homme doit tenir à honneur d'apporter à l'Etat en travail, en considération, en dévoûment, plus que l'Etat ne pourra jamais lui rendre.

Telle était bien la manière de voir du nouveau commandant de l'île de Ré ; sa maison, dont Mme Nièpce faisait les honneurs avec une grâce parfaite, ne tarda pas à devenir le rendez-vous de la meilleure société de l'île.

A ses instants de loisirs, — son activité trouvait toujours qu'elle avait trop peu de chose à faire, — le colonel sculpta le relief de l'île et de la citadelle, et composa un Mémoire sur les moyens d'attaque et de défense de cette place, fortifiée par Vauban.

Le 30 octobre 1827, il reçut la rosette de la Légion-d'Honneur.

Lorsque éclata la révolution de Juillet, Nièpce, tenu en disgrâce par la Restauration, et qui, secrètement, applaudissait à ce soulèvement des esprits, demeura néanmoins jusqu'au bout fidèle à son serment. Résistant aux menaces d'une population ameutée il menaça de se faire sauter au besoin, et sut faire respecter le drapeau blanc jusqu'à ce que des ordres réguliers venus de Paris lui eussent enjoint de le remplacer par le drapeau tricolore.

Les idées qui avaient porté le duc d'Orléans au pouvoir étaient favorables aux anciens serviteurs de l'Empire ; aussi, dès le mois d'août 1831, Nièpce quitta l'île de Ré pour le commandement important de la place de Lyon.

(7 juillet 1831).

A peine avait-il pris possession de son commandement que les émeutes de novembre éclatèrent.

Le colonel Nièpce reçut du général Roguet l'ordre de faire les premières sommations. Il s'avança seul, en uniforme, toutes ses décorations sur la poitrine, à l'entrée du pont Morand, fermé par une barricade, gravit le parapet du quai, et, — pour avertir de sa qualité de parlementaire, — agita, au-dessus de sa tête, un mouchoir blanc.

Une grêle de balles lui répondit.

Il n'abandonna pas son poste, et comme les insurgés le serraient de près, il les attendit à la tête d'une poignée d'hommes qui tombèrent bientôt autour de lui : une charge de cavalerie fut nécessaire pour le dégager.

Après deux jours d'une lutte acharnée, les troupes, trop peu nombreuses, durent se replier sur la place de l'Hôtel-de-Ville.

- Dans un conseil de guerre tenu d'urgence, plusieurs généraux émirent l'avis plus héroïque que sensé, de se retrancher dans l'Hôtel-de-Ville et de se faire sauter plutôt que de déposer les armes. Nièpce, appelé à son tour à prendre la parole, commença par démontrer l'impossibilité d'une plus longue résistance et l'inutilité d'un semblable sacrifice, ensuite il conseilla de s'ouvrir un passage à travers l'émeute, de prendre position sur les hauteurs, et d'y attendre des renforts en empêchant l'émeute de se propager.

Son plan fut aussitôt mis à exécution. Les troupes se formèrent en colonnes, ayant les généraux à leur tête; et, vers minuit, on se mit en marche par les quais du Rhône. L'éveil ne tarda pas d'être donné dans la ville, le tocsin se mit à sonner à toutes les églises et, des deux rives du fleuve, un feu bien nourri fut dirigé sur la troupe. Nièpce eut, à ce moment, deux chevaux tués sous lui. Il vit tomber le général Roguet, le général de Saint-Michel, deux colonels, un grand nombre d'officiers supérieurs, et ne tarda pas à être atteint par des pavés que les insurgés lançaient des fenêtres. Laissé pour mort, deux grenadiers se décidèrent cependant à l'emporter sur leurs fusils : il leur dut la vie, car il eût infailliblement partagé, le lendemain, le sort des officiers blessés dans la nuit, que les insurgés jetèrent avec barbarie par-dessus les quais du Rhône où ils furent broyés sous les roues des moulins.

Le premier jour de l'émeute, à l'angle d'une rue, le colonel avait essuyé, à bout portant, un coup de feu qui tua un grenadier derrière lui. Un soldat s'était élancé hors des rangs pour venger l'attentat à la vie de son colonel et la mort de son camarade; mais Nièpce l'avait retenu, et s'était contenté de livrer l'insurgé à la justice.

Plusieurs mois après ces funestes journées, un soir qu'il se promenait sur les quais du Rhône, il fut surpris de voir un ouvrier suivi de sa femme et de ses trois enfants se précipiter à ses pieds. — « Voilà mon sauveur, s'écriait l'ouvrier; j'en voulais à sa vie, il a épargné la mienne. Sans lui, mes enfants, vous n'auriez plus de père et sans doute, vous manqueriez de pain! »

Pendant que le colonel parvenait à se dérober à cet hommage public de reconnaissance, l'ouvrier demandait à la foule le nom de son sauveur.

De telles récompenses sont douces au cœur de l'honnête homme; leur prix efface les plus éclatants honneurs. Elles servent à panser les blessures de l'ingratitude et de l'injustice, sans parvenir toutefois à les faire oublier.

Nièpce avait reçu, le 5 décembre 1831, la croix de com-

mandeur de la Légion-d'Honneur; mais il avait le droit d'attendre un autre prix de ses services.

Sa bravoure et son sang-froid durant les émeutes de Lyon
avaient été tout particulièrement signalés au duc d'Orléans
et au maréchal Soult, ministre de la guerre; le Prince l'avait
félicité en présence de l'armée. Cependant, le jour de la dis-
tribution des récompenses, Nièpce se vit préférer un favori
du Prince.

C'était la seconde fois que les épaulettes de général lui
échappaient!

En même temps, et comme pour lui rendre cet échec plus
sensible, sa conduite à Lyon était indignement attaquée par
une feuille démocratique de cette ville. Nièpce, qui avait su
se taire en face de l'injustice, ne protesta pas davantage
contre la calomnie : il trouvait indigne de lui de se justifier.
Mais, las de servir, du reste peu sympathique à la dynastie
d'Orléans, sans vouloir attendre une réparation que tout an-
nonçait devoir être prochaine, il envoya sa démission au ministre et se retira dans sa maison de Sennecey.

V

A compter de ce jour, le colonel Nièpce n'est plus sorti de sa retraite.

Entouré d'une famille nombreuse qu'il voyait, — grâce à ses sacrifices et à ses soins, — heureuse et prospère; ho-- noré de l'estime publique, adonné à ses travaux favoris, il passait doucement le temps; se vengeant de l'oubli et de l'ingratitude des hommes en leur faisant du bien.

La révolution de 1848, le danger que parut courir la société, réveillèrent sa mâle énergie. Les idées anti-sociales avaient rencontré parmi les populations de Saône-et-Loire de trop nombreux adhérents; il s'imposa la tâche de réagir contre cet entraînement dangereux, rassembla les hommes d'ordre, et créa le parti de la résistance en face des progrès de la révolution.

Le vieux serviteur de l'Empire, — cela se comprend sans peine, — fut un zélé partisan de la candidature du Prince Louis. Il fonda des comités, inspira des journaux, commu- niqua sa dévorante activité à de nombreux amis, et, — de- vançant les événements, — prépara dans son département et les départements voisins, la restauration de l'Empire.

En 1849 et en 1851, le Président de la République traversa la Bourgogne. Chaque fois Nièpce accourut au-devant du Prince qui lui témoigna une estime particulière, et voulut que le colonel l'accompagnât sur le bateau à vapeur de Châlon à Mâcon. Lors du second voyage du Prince, Nièpce fit défiler devant lui quatre mille paysans :

— « Tous ces braves campagnards, — dit-il, — n'ont pas entendu élire dans votre personne, un Président de la République pour continuer un régime imposé à la France et dont la France ne veut pas. Si Votre Altesse ne met fin à cet état de choses, ce sont eux qui s'en chargeront. »

Le coup d'Etat le trouva prêt.

Il s'efforça de calmer dans les campagnes les excitations parties des villes et d'y maintenir l'ordre en éclairant les paysans sur leurs véritables intérêts.

Mais dès que l'agitation des esprits commença à se traduire par des actes, il se mit en mesure de les réprimer.

Le jour où le repos public est sérieusement menacé, l'autorité méconnue, c'est aux bons citoyens qu'il appartient, dans l'intérêt de leur sécurité, de venir en aide à l'action impuissante de la force publique, de maintenir l'ordre, au besoin, de tenir tête aux perturbateurs. L'effet moral d'une pareille intervention est immense, et la tranquillité est plus promptement et plus sûrement rétablie.

Dans la haute Bourgogne, des paysans égarés par les doctrines socialistes, s'étaient mis en marche avec des armes et des sacs pour le pillage. Nièpce fit distribuer des fusils aux habitants de Sennecey et des environs, les organisa militairement et s'avança, à leur tête, à la rencontre des pillards; mais, avant qu'il n'eût pu les atteindre, ceux-ci furent dispersés aux portes de Mâcon par des troupes de passage.

. Le triomphe définitif de la cause que le colonel Nièpce avait servie, la part qu'il avait prise à la lutte, lui assurèrent un grand crédit.

Il ne songea jamais à en faire usage pour lui-même, se contentant de le mettre au service de ceux qui eurent besoin d'y recourir.

Ses concitoyens lui témoignèrent leur estime et leur reconnaissance en l'appelant, par trois votes successifs, au Conseil général de Saône-et-Loire. A sa mort, ils élurent son fils aîné à sa place.

Le colonel Nièpce devint en 1852, membre du Conseil Académique, et le 24 décembre 1857, il fut appelé à siéger dans la Commission des hospices.

Au Conseil général, il se constitua le défenseur des intérêts locaux.

Le canton doit à son initiative un grand nombre de fondations utiles.

Les deux rives de la Saône, entre Châlon et Tournus,

étaient sans communication; plusieurs cantons, celui de Saint-Germain notamment, très-rapprochés du chemin de fer, manquaient de moyens pour s'y rendre, et par conséquent de débouchés pour leurs riches produits.

Nièpce, qui avait depuis longtemps entrevu les avantages d'un pont, mit en mouvement l'initiative privée, obtint un secours de l'Etat, un autre du département, s'inscrivit en tête des souscripteurs, et eut bientôt la satisfaction de poser la première pierre du pont de Thorcy.

Il fut inauguré le 28 juin 1856. Le colonel, en sa double qualité de membre du Conseil général du canton, de président de la commission, mais surtout comme ayant pris la part principale à l'entreprise, prononça dans cette circonstance un discours, auquel M. de la Guéronnière, préfet de Saône-et-Loire, répondit, avec à-propos, — que le colonel Nièpce n'avait pas besoin de ponts pour traverser les rivières, et que ses états de service apprenaient comment il se jetait à la nage en présence de l'ennemi.

Pénétré du bien que doit produire l'instruction répandue sur une plus vaste échelle, convaincu que la cause de l'ordre a beaucoup à gagner au progrès intellectuel et moral des campagnes, il mit à profit son titre de membre du Conseil Académique pour exercer une paternelle vigilance sur ceux qui répandent l'instruction et ceux qui la reçoivent.

Il s'intéressait particulièrement à la classe laborieuse des instituteurs et les visitait assidûment. Sa maison leur était ouverte; il se faisait près de l'autorité l'interprète de leurs besoins, l'écho de leurs plaintes légitimes.

Les instituteurs témoignèrent par leur concours à ses funérailles que leur cœur n'était pas ingrat.

Nièpce aimait l'enfance.

On le voyait arriver à l'école aux heures de récréation. Se rappelant le temps où il faisait manœuvrer ses petits camarades dans les prairies de Châlon, il se mêlait avec une bonhomie pleine d'entrain aux jeux des écoliers; ensuite il se faisait présenter les plus sages, les plus assidus, les plus laborieux, et leur distribuait des joujoux ou des gâteaux. Aux enfants dont les parents étaient pauvres, il trouvait moyen de faire accepter, sans blesser leur amour-propre, des objets utiles; le plus généralement des effets d'habillement.

Aussi le colonel était-il connu et aimé de tous les enfants de Sennecey et des hameaux voisins.

Lorsque le soir, à la sortie de l'école, ils le rencontraient seul dans les chemins, tantôt absorbé par la muette contemplation de la nature fumant assis sur un tas de pierres ou un tertre de gazon; tantôt marchant la tête haute, la main appuyée sur sa canne, ils accouraient en foule comme un joyeux essaim.

Sennecey est redevable au colonel Nièpce d'une salle d'asile et d'un pensionnat tenu par des religieuses.

C'est encore par ses soins, et avec les secours qu'il avait obtenus à diverses reprises du Conseil général, que l'école des garçons a été agrandie, et que la plupart de celles du canton ont pu recevoir de notables améliorations.

Le Ministre de l'instruction publique, voulant reconnaître les services désintéressés rendus par le colonel Nièpce à l'enseignement, lui conféra, le 29 décembre 1864, les insignes d'Officier de l'Instruction publique. Cette décoration, spécialement destinée à honorer l'instruction et ceux qui la favorisent, flatta beaucoup le colonel qui s'empressa de la placer parmi ses croix conquises sur le champ de bataille. « M. Briottet, mon précepteur, — disait-il en souriant, — n'aurait jamais voulu croire que son mauvais élève deviendrait quelque jour un dignitaire de l'instruction publique ! »

Vivant au milieu des campagnes, en contact journalier avec les paysans, associé à leurs espérances, à leurs craintes, à leurs besoins, Nièpce avait reconnu que parmi les plus redoutables dangers qui menacent la récolte des cultivateurs, et des vignerons, dont l'industrie est prospère en Bourgogne, figure la grêle amenée par de tardifs orages.

Voir un danger, — soit qu'il vînt de la nature ou des hommes, — c'était pour lui l'obligation de le combattre.

S'autorisant de sa position de membre de la commission météorologique, il se mit à étudier les orages, rechercha les causes de leur formation, s'enquit de leur marche, et recueillit des observations assez importantes pour indiquer exactement sur une carte topographique du canton les points où chacun d'eux peut être utilement observé, efficacement combattu.

Il conseilla l'emploi de boîtes à poudre qui, en divisant les nuages par des détonations répétées, empêchent l'orage de se former.

Ses instructions sont encore suivies dans le canton de Sennecey; et les habitants des campagnes, appelés chaque jour à en constater les heureux résultats, y trouvent un nouveau motif de gratitude envers sa mémoire.

Nièpce dut souvent recourir à son grand amour du bien et à sa ferme volonté pour assurer le succès de ses diverses entreprises.

Aucun de ceux qui se sont dévoués à leurs semblables n'ignorent ce qu'il faut de patience, de persévérance et d'abnégation pour surmonter les obstacles de l'indifférence, de la malveillance ou de la jalousie — ce ferment des âmes viles. Nièpce ne se découragea jamais.

Vaincu, il recommençait la lutte; son âme vaillante se plaisait à ces combats d'un genre nouveau.

Il fut donné au colonel Nièpce de recueillir, dans une verte vieillesse, les fruits de sa vie.

S'il avait chèrement acheté son repos, la Providence, du moins, le lui accorda longtemps exempt de nuages.

Adoré de ses enfants auxquels il avait su faire partager ses goûts, n'ayant reçu d'eux que des impressions douces, il n'eut longtemps à subir que les épreuves de la séparation le jour où ses fils virent s'ouvrir devant eux des carrières où ils se sont tous distingués, le jour où ses filles se marièrent. Mais, aux vacances, la famille se trouvait de nouveau réunie; et son chef, entouré d'affection et de respect, se réjouissait de voir ses petits-enfants grandir, de savoir ses enfants heureux.

Le colonel possédait cette bonté un peu rude qui, au besoin, s'impose.

Il avait rapporté dans sa retraite les habitudes d'ordre et d'exactitude de la vie militaire. Le temps du travail, celui du repos, l'heure de son lever, celle de son coucher, les heures de ses repas étaient invariables. D'une extrême sobriété, il mangeait peu et ne prenait ni café ni liqueurs (1). Levé avec le jour, il ne se couchait jamais tard et aimait que chacun se conformât à ses habitudes (2). L'obéissance n'est jamais

(1) Il n'est pas sans intérêt de remarquer que les hommes parvenus à la vieillesse avec l'intégrité de leur intelligence furent tous d'une rare sobriété. Je me contenterai de citer Buffon au siècle passé, Lamartine et Alexandre Dumas dans celui-ci. Alexandre Dumas ne boit que fort peu de vin, jamais de spiritueux; il ne prend pas de café et ne fait point usage du tabac. Ces habitudes étaient celles de Lamartine, sauf qu'il fumait. Parmi les causes qui hâtent notre destruction, il faut placer en première ligne l'intempérance.

(2) Le colonel Nièpce avait un émule dans un général son contemporain, son compatriote et son compagnon d'armes. Le général B..., grand-père de charmantes filles que leur mère conduisait depuis plusieurs années dans le monde, ne manquait jamais de dire le soir à celles-ci : — Allons, mes enfants, il est temps de rentrer chez vous et de vous mettre au lit. S'il les rencontrait dans le monde quelques heures après et qu'on lui en fît la remarque, il se contentait de tirer sa montre, et répondait, sans même détourner la tête : — C'est impossible, il est plus de neuf heures, mes enfants sont couchés !

pénible à qui se sent aimé! Aussi le colonel était-il obéi sans murmure. Toutefois, la partie jeune et rieuse de la maison se faisait de temps à autre un innocent plaisir d'éluder pour un soir le réglement du grand-père. On se réunissait avec mystère dans une chambre haute soigneusement fermée, on s'y rendait par groupes séparés en amortissant le bruit de ses pas — comme des conspirateurs; ensuite on savourait gaîment et longtemps le charme du fruit défendu.

Tout le jour, la maison était pleine d'amis ou de compagnons d'atelier à qui le colonel apprenait à manœuvrer le tour, à fouiller le bois et l'ivoire. Ou bien c'était un paysan venu de son village pour demander conseil ou se plaindre des entreprises injustes d'un voisin; d'autres fois, c'était un pauvre de passage auquel on avait signalé la maison hospitalière du colonel. Il ne laissait pas aux pauvres de la contrée la peine de venir le trouver, il allait à eux. Mais, le plus souvent, il était devancé dans ses visites charitables par M{mc} Nièpce; et il leur arrivait de se rencontrer à l'improviste dans le réduit d'un pauvre ou au chevet d'un malade : ils poussaient la pudeur de la charité jusqu'à se cacher l'un à l'autre le bien qu'ils faisaient!

Le colonel Nièpce n'avait aucun des préjugés de l'amour-propre. Il aimait à s'entretenir familièrement avec les paysans. Durant les beaux jours, on le voyait s'asseoir devant la porte ouverte des chaumières, ou dans les granges pendant que l'on rentrait les foins; il prenait les enfants sur ses genoux, encourageait les travailleurs et ne refusait pas un coup de main. Souvent il se dérangeait de sa route pour visiter un vieillard malade et rapporter de ses nouvelles à ses enfants ou petits-enfants domestiques dans des fermes isolées. Ceux-ci, du plus loin qu'ils le voyaient, suspendaient l'ouvrage, s'appuyaient sur leur fourche ou leur bêche, et se disaient les uns aux autres : — Voici le colonel! Comme on dit, en regardant le ciel bleu : — Voici le beau temps!

Il avait cette tendresse débordante qui s'attache aux choses et s'étend aux plus misérables des êtres.

Il ne permettait pas que l'on fît souffrir inutilement un animal, et ne manquait jamais de se mettre en colère quand il voyait des enfants torturer un chien, ravir les œufs dans les nids, ou enlever les petits oiseaux à leur mère. Aussi les mauvais enfants le craignaient, et il suffisait pour les rendre dociles de les menacer du colonel.

Sa maison, — ancien bâtiment aux fenêtres hautes, aux toits noircis, que Balzac n'eût pas manqué de décrire, — donnait sur un vaste jardin planté de grands arbres, avec un ruisseau murmurant.

Le colonel aimait son jardin; soit au printemps soit à l'automne il y passait de longues heures occupé à soigner ses arbres ou à regarder ses fruits mûrir. Voyait-il, en se promenant, un insecte devant son pied, il se détournait. Dans les ardeurs de la canicule, quand les mouches, les scarabées, les papillons se rapprochent de l'eau pour y chercher un peu de fraîcheur, il venait s'asseoir près de son bassin afin de surveiller les imprudents insectes et il accomplissait avec sa canne de laborieux sauvetages.

Quelle qu'heureuse que le ciel eût fait sa destinée, il fallut cependant qu'il payât, à son tour, son tribut aux douleurs humaines.

Il perdit d'abord une fille tendrement aimée, puis il eut le chagrin de voir s'affaiblir dans une longue et cruelle maladie la femme supérieure à laquelle il avait donné son nom. En proie à des crises de nerfs, elle était devenue, sur ses derniers jours, d'une grande exigence; lui qui aimait à voir les autres se conformer à sa volonté, subissait, sans murmure, ses moindres caprices; il ne quittait plus sa chambre. Lorsqu'il la perdit, le 7 juillet 1866, son deuil fut sans bornes; son cœur ne se remit jamais de cette épreuve (1).

(1) Les regrets que laissa la mort de M᷂ᵉ Nièpce furent unanimes. — « La population tout
» entière du bourg et celle des communes voisines, — dit M. Victor Fouque, — ont suivi
» avec un profond recueillement son cercueil ; la tristesse des assistants, et les larmes de
» la plupart d'entre eux ont été un témoignage éloquent des grands regrets laissés par la
» digne épouse du colonel, par cette sainte femme dont la vie entière a été employée au
» soulagement des malheureux, à compatir et à se dévouer incessamment à toutes les misères,
» tout en élevant avec tendresse et distinction sa nombreuse famille. »

(Vie de Nicéphore Nièpce, p. 280.)

Ce fut ensuite son frère (1), puis un gendre (2), et une belle-fille (3) qu'il aimait comme ses propres enfants. « Ils vont m'attendre, — disait-il tristement ; — mais pourquoi sont-ils partis les premiers ! »

Malgré ses graves blessures et les redoutables épreuves de la campagne de Russie, sa forte constitution n'avait subi aucune atteinte sérieuse.

Il était parvenu à 88 ans sans infirmités.

Ses cheveux très-abondants étaient seulement devenus gris ; son œil avait conservé sa vivacité, son visage son air martial ; ses épaules ne s'étaient point voûtées (4).

Sa vigueur même, et la grande activité qu'elle entretenait en lui, hâtèrent sa fin.

Le 24 août 1868, il s'était rendu, comme de coutume, au chef-lieu de son département pour la session du Conseil général. Revenant le soir de la Préfecture avec deux amis, marchant vite absorbé par la conversation, il ne vit pas,

---

(1) Augustin-Laurent Nièpce, succcessivement conservateur des eaux-et-forêts à Chaumont puis à Mâcon, Chevalier de la Légion-d'Honneur, décédé, dans cette ville, le 7 novembre 1864.

(2) M. Falsan, mort le 27 novembre 1867, en laissant un fils géologue distingué et connu par divers ouvrages remarquables.

(3) La femme de M. Max Nièpce aujourd'hui Maire de Senneccy et membre du Conseil général de Saône-et-Loire.

(4) La famille Nièpce possède un médaillon du colonel d'une parfaite ressemblance. C'est une œuvre remarquable du lieutenant-colonel Ménissier, artiste distingué, neveu de Charles Nodier, officier d'avenir tué, avec son frère, à Solférino. Ce médaillon commencé en 1848, a été interrompu par les journées de Juin.

dans l'obscurité, un banc de pierre sur une promenade, s'y heurta et fit une chute dangereuse. Malgré la violence du coup et les blessures qu'il s'était fait à la tête et au visage, il parut se remettre rapidement; le 11 janvier suivant, il assistait à Mâcon, à une session extraordinaire du Conseil général. Mais à compter de ce jour, sa santé déclina. On l'entendit fréquemment se plaindre de douleurs vives à la tête, et d'un malaise général.

Le 25 janvier, il se déclara une bronchite qui fit des progrès rapides, et le 28, dans la soirée, Nièpce rendit sa belle âme à Dieu, entre les bras du seul de ses fils qui ait pu être prévenu à temps, assisté par la Supérieure de l'hospice, femme d'un rare mérite, depuis longtemps associée à ses bonnes œuvres, dont il avait fait son amie.

Le colonel Nièpce vit venir sa fin sans effroi. Conservant jusqu'à son dernier souffle le calme que donne une conscience droite, il mourut avec l'intégrité de ses facultés, en se préoccupant encore de ses enfants et des intérêts du département qu'il aimait.

Dès qu'il s'était senti plus faible, il avait fait appeler un prêtre, et avait rempli avec une piété recueillie les devoirs du chrétien.

Une affliction générale accueillit la nouvelle de sa mort.

Ses obsèques, par leur pompe, par l'empressement, le nombre et le recueillement de ceux qui y assistèrent, revêtirent les caractères d'un deuil public.

De tels hommes, lorsqu'il est permis de pénétrer dans l'intimité de leur vie, reposent du spectacle des turpitudes humaines.

Dans ces temps agités où s'étalent, sans entraves, la vanité orgueilleuse et le luxe insolent, où l'égoïsme menace de tarir la source des vertus publiques, où la mesquine ambition de la richesse tourne toutes les têtes, on aime à découvrir quelqu'une de ces âmes droites, quelqu'un de ces cœurs chauds, d'autant plus dévoués à leurs semblables que, grâce à la lâcheté et à la méchanceté humaines, il y a plus d'opprimés à secourir.

Ceux qui ont connu le colonel Nièpce pourront dire si, en recueillant les principaux traits de sa vie, j'ai rien exagéré !

Durant sa longue carrière, il ne cessa jamais de pratiquer l'abnégation et la charité : — la charité du cœur, plus féconde en résultats que la charité de l'argent.

Etranger aux mauvaises passions, il ne se montra accessible qu'aux bonnes.

Ses plus belles années furent consacrées à son pays. Il avait rapporté de ses longs services, la médiocrité et l'oubli ; jamais pourtant on ne l'entendit se plaindre de son sort, et si la patrie lui eût demandé, aux mêmes conditions, de nouveaux sacrifices, il se fût encore estimé heureux de la servir.

Une famille peut être fière d'un tel chef, et s'honorer de

ses vertus ; les enfants qui ont recueilli un si noble exemple tiennent à honneur de le suivre !

Je voudrais que l'on mît entre les mains de la jeunesse un recueil qui contiendrait seulement les biographies des honnêtes gens.

Il ne serait pas trop volumineux !

La jeunesse y puiserait des enseignements capables d'élever son âme, d'échauffer son cœur, de la garantir du danger des mauvais exemples : ce serait pour elle un motif de noble émulation.

Dans une galerie ainsi composée, le portrait du colonel Nièpce figurerait au premier rang.

Henri NADAULT DE BUFFON.

APPENDICE

Notice sur le colonel NIÈPCE, publiée, de son vivant,
par M. Victor Fouque [1]

David-François-Etienne-Pierre-Laurent Nièpce, fils aîné d'Etienne-Pierre-Laurent, a commencé ses études au collége de Châlon, dirigé alors par des Joséphistes. Lorsque la Révolution emporta dans son tourbillon les communautés religieuses, les Joséphistes quittèrent ce collége et les élèves furent rendus à leurs parents. Alors, le jeune Nièpce fut confié aux soins d'un précepteur, afin de compléter son éducation.

Mais lorsqu'il eut atteint ses dix-sept ans, il laissa le grec et le latin, et fut se ranger sous les drapeaux comme simple soldat volontaire, le 1er germinal an VII, au 19e régiment de ligne.

Doué d'un courage à toute épreuve, M. le colonel Nièpce a conquis tous ses grades à la pointe de son épée, et en versant son sang

<hr>

(1) NICÉPHORE NIÈPCE, sa vie, ses essais, ses travaux, d'après sa correspondance et autres documents inédits, par Victor Fouque. — *Paris et Châlon, 1867. 1 vol. in-8°, p. 267 à 282.*

sur les champs de bataille! Ainsi, simple soldat volontaire le 1er germinal an VII, il était sous-lieutenant au 4e de chasseurs à pied, le 13 prairial an VIII; passé avec le même grade au 18e de chasseurs à pied, le 4 thermidor an X, il fut nommé lieutenant au même régiment en l'an XII; capitaine au 6e de hussards en thermidor de la même année; puis adjoint à l'état-major du prince de Neufchâtel le 17 juin 1806; ensuite aide-de-camp du général de division Hédouville, le 30 novembre de la même année.

L'année suivante, le 17 décembre 1807, il entra au service du roi de Westphalie, d'après les ordres de l'empereur Napoléon. Deux mois et demi plus tard, le 4 mars 1808, Jérôme Bonaparte le nomma son officier d'ordonnance. Le 2 juin suivant, il était élevé au grade de chef d'ecsadron aux gardes-du-corps (cuirassiers de la garde).

Nommé président de la Commission instituée près le ministre de la guerre, afin d'examiner les officiers de cavalerie qui demandaient à entrer au service, il organisa le 2e régiment de cuirassiers de Westphalie.

Le colonel Nièpce fut successivement, colonel aux gardes, le 8 janvier 1812; colonel du 2e hussards, le 12 mars 1813; colonel commandant les gardes-du-corps, depuis le 13 août de la même année jusqu'au 17 avril 1814; et enfin colonel du 4e régiment de dragons, le 9 novembre 1814.

Sous la Restauration, le colonel Nièpce fut nommé, par Charles X, au commencement de l'année 1826, commandant de l'île de Ré; et plus tard, par Louis-Philippe, le 15 juillet 1831, commandant de la place de Lyon. Il a été admis à la retraite, sur sa demande, le 7 janvier 1834.

Le colonel Nièpce a gagné tous ses grades dans les campagnes d'Italie, d'Autriche, de Prusse, de Russie et de France, pendant lesquelles il reçut plusieurs coups de feu, de baïonnette et de sabre, à la tête, à l'épaule gauche et à la cuisse.

Citons quelques-uns de ses faits d'armes.

Le 18 thermidor an VIII, il est envoyé avec cinquante chasseurs à la poursuite des *Barbets* qui infestaient les montagnes de Gènes; il leur enlève une redoute défendue par deux cents hommes, et leur prend deux pièces de canon.

Le même jour, il sauve la vie à son capitaine, en tuant d'un coup de carabine et de deux coups de baïonnette deux *Barbets* et un Autrichien qui le retenaient prisonnier.

Blessé, le même jour, après avoir eu son sabre brisé dans les mains, le sous-lieutenant Nièpce est emmené prisonnier à son tour, pieds et poings liés, par un détachement de *Barbets*. Délivré, après une captivité de huit heures au milieu de ces brigands, oubliant ses blessures, il retourne au combat et tue deux ennemis qui refusaient de mettre bas les armes.

Une autre fois, il traverse à la nage le torrent la *Doria* sous le feu du fort, et monte à l'assaut du corps de la place. Cette action lui valut le grade de lieutenant.

Le colonel Nièpce a été nommé Chevalier de la Légion-d'Honneur à la création de l'Ordre, ayant reçu précédemment un sabre d'honneur. Chevalier de l'Ordre de la Couronne de Bavière après la campagne de Prusse, en 1807; Chevalier de première classe de l'Ordre de la Couronne de Westphalie, le 5 février 1810; Chevalier de Saint-Louis, le 17 mars 1815; Officier de la Légion-d'Honneur, le 30 octobre 1825, et Commandeur du même Ordre, le 5 décembre 1831; médaillé de Sainte-Hélène.

Depuis qu'il est rentré dans la vie privée, M. Nièpce a été investi de diverses fonctions honorifiques; ainsi, depuis 1852, il est membre du conseil général de Saône-et-Loire pour le canton de Sennece-le-Grand; membre du conseil départemental de l'instruction primaire; délégué cantonal pour l'instruction publique; officier de l'instruction publique; président de la commission départementale de météorologie.

Le colonel Nièpce appartient par l'élévation de ses goûts, à l'infatigable classe des investigateurs et des artistes. Doué du sentiment du beau, d'une rare aptitude pour les arts, d'une persévérance sans bornes; aucun obstacle ne l'arrête, pas même ses quatre-vingt-six ans !

Au physique, il semble taillé dans un bloc de granit; et il a toute l'énergie, la vigueur et l'intelligence de l'âge viril : tout fait espérer que de longs jours lui sont réservés pour être encore longtemps vénéré de sa famille et de ses nombreux amis.

Notice sur le colonel NIÈPCE, publiée, après sa mort,
par M. Albert Albrier [1]

Une des plus belles vies militaires de notre Bourgogne vient de s'éteindre : M. le colonel Nièpce est décédé à Sennecey-le-Grand (Saône-et-Loire), le 28 janvier dernier, dans sa 88e année.

Etienne-Pierre-Laurent-François-*David* Nièpce était né à Châlon-sur-Saône le 12 septembre 1781 d'une ancienne famille de Bourgogne, originaire de Saint-Désert-les-Châlon. En 1720, Charles, Pierre, Claude, et Bernard Nièpce, fils d'Antoine Nièpce et de Christine Perraut, après s'être partagé la fortune de leur père au château de Saint-Loup, formèrent quatre branches : Charles fut l'auteur de celle des Nièpce de Tournus; — Pierre, de celle des Nièpce de Sennecey; — Claude, de celle des Nièpce de Saint-Ambreuil; — et Bernard, de celle des Nièpce du Gras et de Saint-Cyr. Joseph-*Nicéphore* Nièpce, l'inventeur de la photographie, décédé au Gras le 3 juillet 1833, était de cette dernière branche.

Pierre Nièpce, auteur des Nièpce de Sennecey et bisaïeul du colonel, fut écuyer, contrôleur extraordinaire des guerres et seigneur du fief de Crochet, à Sens; son fils, Laurent, conseiller procureur du roi en la maîtrise des eaux et forêts à Châlon, mourut le 13 juillet 1793, à l'âge de 70 ans; il avait épousé Claudine Benoist, d'où Etienne-Pierre-Laurent Nièpce, conseiller du roi et son procureur

---

(1) *La Bourgogne*, Revue provinciale, paraissant à Dijon. — *N° de février 1869, p. 49 et suiv.*

en la maîtrise des eaux et forêts à Chàlon, décédé le 5 juillet 1827, à 77 ans. Etienne-Pierre-Laurent Nièpce s'était uni à Thérèse Raynard de Boissieux; son fils est celui dont nous pleurons aujourd'hui la perte.

Etienne-Pierre-Laurent-François-*David* Nièpce fit ses études au collège des Oratoriens de Chàlon, et les acheva dans sa famille sous la direction d'un précepteur, le père Briottet. Le 1er germinal an VII, il s'engagea comme volontaire dans la 19e demi-brigade et fit les campagnes des années VII, VIII et IX à l'armée d'Italie. Blessé le 18 thermidor an VIII, à la vallée de Fontana-Bua, d'un coup de crosse à la tête et à l'épaule gauche, il traversa le torrent de la Doria à la nage, sous le feu continuel du fort de Bard, et entra le premier dans la première redoute enlevée à l'ennemi. Le même jour il est envoyé avec cinquante chasseurs à la poursuite des Barbets réfugiés dans les montagnes de Gènes, s'empare d'une redoute défendue par deux cents hommes, prend deux pièces de canon et sauve la vie à son capitaine en tuant d'un coup de carabine et de deux coups de baïonnette deux Barbets et un Autrichien qui le retenaient prisonnier. Quelques instants après il est fait lui-même prisonnier et parvient, après avoir reçu trois blessures, à se dégager en tuant deux Piémontais de sa propre main. Cette noble conduite lui valut un sabre d'honneur, l'épaulette de sous-lieutenant et les félicitations de son chef, le général Maingo, ainsi conçues : — « Le courage, brave jeune homme, que vous avez montré contre les Barbets, le 18 thermidor an IX, dans les montagnes de Gènes, vous a attiré mon estime et mérite une récompense. Vous avez perdu votre arme en combattant; d'après le rapport qui m'a été fait par votre capitaine, je veux la remplacer, et c'est à titre d'honneur que je vous envoie ce sabre. Sachez, une autre fois, modérer votre vivacité, qui a failli vous faire perdre la vie, et n'oubliez jamais que la prudence ne doit point abandonner un guerrier au milieu des combats. »

Le sous-lieutenant David Nièpce avait alors 19 ans.

Lieutenant à la 18e demi-brigade (an IX) et Chevalier de la Légion-d'Honneur le 18 décembre 1803, il passa dans la cavalerie comme capitaine au 6e de hussards (17 juin 1806), et fit, dans cette arme, les campagnes d'Allemagne, de Silésie, de Pologne et de Russie. Capitaine aide-de-camp du général Hédouville le 27 frimaire an XIV, puis attaché à l'état-major du prince de Wagram, il devient chevalier de l'Ordre du Mérite militaire de Bavière en 1807, fourrier des palais du roi Jérôme de Westphalie et officier d'ordonnance de ce prince le 21 juin 1808. Nous voyons ensuite notre valeureux compatriote promu aux grades de chef d'escadron (lieutenant aux gardes) le 19 octobre 1808, de major le 1er septembre 1810 et de colonel le 4 janvier 1812. Chevalier de la Couronne de Westphalie le 15 février 1810, il fit en 1812 et 1813 les campagnes de Russie et de Saxe et devint le 1er août 1813 colonel des gardes du roi Jérôme. Ce Prince l'honorait de son amitié dont il se montra toujours digne et par ses services et par son dévoûment, car, lorsque le roi de Westphalie quitta ses Etats, abandonné de tous, Nièpce seul lui resta fidèle et l'accompagna pendant sa retraite jusque sur le sol français.

Colonel du 2e régiment des dragons de la Reine le 15 juillet 1814, Chevalier de Saint-Louis le 17 mars 1815, David Nièpce, lors du retour de Napoléon en France, se rangea sous les drapeaux de l'Empereur et fit la campagne de Waterloo comme commandant d'une brigade de dragons. A la seconde Restauration, il fut renvoyé dans ses foyers à demi-solde et ne rentra dans l'armée active que quelques années après. Le 14 décembre 1825 il fut nommé lieutenant de Roi, commandant l'île de Ré; le 30 octobre 1827, officier de la Légion-d'Honneur et le 7 juillet 1831, commandant la place de Lyon. « Là, — a dit sur sa tombe M. de Viantais, — il remplit dans de tristes circonstances une mission aussi difficile que périlleuse : ce fut d'empêcher, dans les limites du possible, l'effusion du sang français, de maintenir l'ordre et de faire respecter l'autorité au milieu d'une grande cité en pleine insurrection. Il n'épargna ni sa peine ni sa vie dans cette tâche pénible; il eut deux chevaux tués sous lui et fut blessé lui-même. Mais cette belle conduite ne reçut pas la récompense qu'elle avait méritée; le grade de général de brigade qu'il avait si dignement gagné et qui lui était acquis fut donné à un autre. Découragé, il ne sut pas attendre l'heure de la justice qui n'eût pas tardé à sonner pour lui et prit brusquement sa retraite. »

Il avait reçu quelques jours auparavant (5 décembre 1831) la croix de Commandeur de la Légion-d'Honneur.

Le colonel Nièpce se retira alors à Sennecey-le-Grand, où il devait passer le reste de ses jours et mourir. Son temps était employé à faire le bien et à répandre l'instruction ; il aimait à visiter les écoles et à encourager les enfants : aussi le ministre ne crut-il mieux faire que de le nommer Officier de l'instruction publique. Membre du Conseil général de Saône-et-Loire depuis le rétablissement de l'Empire, il assistait encore il y a quelques jours à la session extra-ordinaire tenue par l'assemblée départementale. La veille même de sa mort il s'occupait des intérêts de son canton. « Un mal presque foudroyant l'a jeté dans la tombe, — m'écrivait un de ses fils, — il a rendu son âme à Dieu, avec le courage d'un soldat et la résignation du chrétien ; sa perte est immense pour nous : il nous aimait tant et nous l'entourions d'une si profonde affection. Ah ! l'impitoyable mort... »

Le colonel Nièpce a laissé des regrets ineffaçables dans la mémoire de tous ceux qui l'ont connu ; aussi le prince Napoléon, en apprenant sa mort, s'empressait-il d'écrire le soir à l'un de ses fils, M. Léopold Nièpce :

« Paris, le 7 février 1869.

» MONSIEUR,

» J'ai reçu la lettre par laquelle vous m'annonciez la mort du brave colonel Nièpce, votre père.

» Son dévoûment à mon père et ses services honorables m'ont inspiré pour lui beaucoup d'estime et de sympathie.

» Je tiens à vous exprimer toute la part que je prends à votre douleur.

» Recevez, Monsieur, l'assurance de mes sentiments très-distingués.

» NAPOLÉON (JÉRÔME). »

Le colonel Nièpce avait épousé, le 10 août 1807, Marie-Anne-Joséphine-Alexandrine-Arnoldine-Barbe, baronne de Zandt, fille de Jean-Frédéric, baron de Zandt, grand-maître général des armées du roi de Bavière, et d'Anne-Thérèse-Marie-Julie, baronne de Willinghof de Schelling de Chellemberg ; il en a eu six enfants, deux filles et quatre fils. L'aîné de ceux-ci, Laurent Nièpce, est Officier de la Légion-d'Honneur et lieutenant-colonel ; — le second, Max, est Chevalier de la Légion-d'Honneur, lieutenant-colonel en retraite et maire de Sennecey ; — le troisième, Léopold, est Chevalier de la Légion-d'Honneur et conseiller à la Cour impériale de Lyon ; — le quatrième enfin, Bernard, est Chevalier des Ordres de la Légion-d'Honneur et de Saint-Grégoire-le-Grand, et inspecteur des eaux thermales d'Allevard. Comme on le voit, les fils marchent dignement sur les traces de leurs aïeux. Honneur à eux !

Obsèques du colonel NIÈPCE. — Discours prononcés sur sa tombe [1]

Les obsèques de M. le colonel Nièpce ont eu lieu samedi à Sennecey-le-Grand. Non-seulement la population de ce bourg important, mais encore celles des communes voisines étaient largement représentées à cette cérémonie funèbre ; aussi l'église pouvait à peine contenir la foule accourue pour rendre les derniers devoirs au vétéran de nos glorieuses phalanges, qui, revenu parmi ses concitoyens, avait encore consacré sa verte vieillesse au service du pays.

Le deuil était conduit par deux de ses fils : M. Max Nièpce, lieutenant-colonel en retraite, maire de Sennecey, et M. Léopold Nièpce, conseiller à la Cour impériale de Lyon. L'aîné, M. Laurent Nièpce, lieutenant-colonel, commandant la place de Saint-Omer, surpris par la mort de son père, n'avait pu arriver. Car, le colonel n'avait

---

(1) Extrait du *Courrier de Saône-et-Loire,* journal de Châlon, du 1er février 1869. — Rédacteur en chef, M. Félix Sordet.

été malade que six jours et rien ne faisait prévoir une fin aussi rapide. Il ne se plaignait pas, ne voulait pas même garder le lit. Seulement, au moment d'expirer, il dit à M. Max, qui se tenait à son chevet, l'entourant des soins les plus affectueux : *Ah! que je souffre.* C'est la seule fois qu'on l'entendit se plaindre. Puis il rendit le dernier soupir. On crut un instant qu'il s'était assoupi. Ainsi, il était passé de vie à trépas sans agonie ; il s'était éteint comme une lampe à qui l'huile viendrait tout à coup à manquer.

M. Bernard Nièpce, forcément absent, était représenté par son fils. Parmi les autres membres de la famille, on remarquait M. Locard, ingénieur, son gendre ; M. Albert Balsan, son petit-fils ; M. Pellorce, vice-président du conseil de préfecture de Saône-et-Loire, neveu du défunt par alliance ; M. Dombey, maire de Pont-de-Veyle, aussi son neveu par alliance ; M. le Préfet et M. le Sous-Préfet, empêchés, étaient représentés par des membres du Conseil de préfecture. Un grand nombre de personnes notables de la contrée assistaient aux funérailles. La compagnie des sapeurs-pompiers de Sennecey formait une escorte d'honneur, et, dans le cortége, on remarquait les enfants des écoles, dont l'instruction était de la part du colonel l'objet de la sollicitude la plus vive.

Sur le cercueil on avait déposé son sabre d'honneur, celui qui lui avait été donné à Marengo, grande et célèbre bataille, qui eut pour résultat la soumission de l'Italie, mais qui, hélas! coûta à la France une de ses plus belles espérances, le général Desaix. On y avait également placé ses décorations : le cordon et la croix de Commandeur de la Légion-d'Honneur ; la croix de Saint-Louis, celle de la Couronne de Westphalie, celle de Bavière et les palmes d'Officier de l'instruction publique.

Au cimetière, où le corps du défunt a été inhumé dans un caveau de famille, deux discours ont été prononcés : l'un, par M. de Viantais, officier de marine en retraite ; l'autre, par M. Cligny, inspecteur des écoles primaires. Nous les reproduisons ici :

DISCOURS DE M. DE VIANAIS.

Messieurs,

Permettez à un frère d'armes, autorisé aussi par l'amitié, de prononcer quelques paroles de regrets sur une tombe qui va se fermer en nous enlevant pour jamais un homme dont la longue carrière a été semée de nobles actions, ignorées par la plupart de nous, parce que le colonel Nièpce était de ceux qui oublient eux-mêmes leurs titres à l'estime et aux honneurs publics, et qui redoutent la louange au lieu de la chercher.

La vie qui vient de s'éteindre n'a pas besoin de panégyriste ; elle demande à être racontée simplement. Les faits parlent d'eux-mêmes et je ne ferai qu'en esquisser ici les principaux traits.

Le colonel Nièpce naquit le 12 septembre 1781. Entré dans l'armée comme simple volontaire en 1800, il fit la campagne de Marengo et marqua ses débuts par un acte de courage qui à lui seul illustrerait toute une carrière militaire. L'armée française, après avoir franchi le sommet des Alpes, descendait dans les plaines du Piémont. Le fort de Bard se trouvait sur son passage, dominant l'étroite vallée de la Doria et l'interceptant complétement. Il fallait s'en emparer. Déjà une première attaque avait échoué. Une deuxième est ordonnée. Le jeune volontaire de dix-neuf ans, David Nièpce, n'attend ni la formation de la colonne d'assaut, ni le signal du départ. Emporté par sa fougueuse ardeur, il s'élance à la tête d'un petit nombre de soldats entraînés par son impétuosité, et entre le premier dans le fort. Dans la même journée, il traverse une rivière à la nage pour aborder l'ennemi qui est sur l'autre rive, s'empare de deux canons. Quelques instants après il est fait prisonnier et parvient, après avoir reçu trois blessures, à se dégager en tuant trois Piémontais de sa propre main. Cette conduite héroïque lui valut un sabre d'honneur, l'épaulette de sous-lieutenant et les félicitations de son général, ainsi conçues : — « Le courage, brave jeune homme, que vous avez » montré contre les Barbets, le 18 thermidor an IX, dans les montagnes de » Gênes, vous a attiré mon estime et mérite une récompense. Vous avez

» perdu votre arme en combattant. D'après le rapport qui m'a été fait par

» votre capitaine, je veux la remplacer, et c'est à titre d'honneur que je

» vous envoie ce sabre. Sachez, une autre fois, modérer votre vivacité qui

» a failli vous faire perdre la vie et n'oubliez jamais que la prudence ne

» doit point abandonner un guerrier au milieu des combats. »

Quel plus bel éloge, Messsieurs, peut-on faire de sa bravoure!

Peu de temps après, il passa dans la cavalerie et fit, dans cette arme, les campagnes d'Allemagne, de Silésie, de Pologne et de Russie, gagnant successivement ses grades et ses croix sur les champs de bataille. Nommé colonel des gardes du roi Jérôme, il fut honoré de l'amitié de ce prince qu'il mérita doublement par ses services éminents et par son dévoûment personnel, car, lorsque le roi de Westphalie quitta ses Etats, abandonné de tous, le colonel Nièpce seul lui resta fidèle et l'accompagna pendant sa retraite jusque sur le sol français.

Les événements de 1815 le retrouvèrent commandant d'une brigade de cavalerie. Il fit alors la campagne de Waterloo, qui plongea la France dans le deuil et brisa la carrière de ses héroïques défenseurs. Le colonel Nièpce fut de ce nombre : renvoyé dans ses foyers à demi-solde, il ne rentra au service que quelques années après. En 1827, il fut nommé commandant de l'île de Ré. En 1831, il reçut le commandement de la place de Lyon. Là, il remplit dans de tristes circonstances une mission aussi difficile que périlleuse; ce fut d'empêcher, dans les limites du possible, l'effusion du sang français, de maintenir l'ordre et de faire respecter l'autorité au milieu d'une grande cité en pleine insurrection. Il n'épargna ni sa peine, ni sa vie dans cette tâche pénible. Il eut deux chevaux tués sous lui, et fut blessé lui-même. Mais cette belle conduite ne reçut pas la récompense qu'elle avait méritée. Le grade de général de brigade qu'il avait si dignement gagné et qui lui était acquis fut donné à un autre. Découragé, il ne sut pas attendre l'heure de la justice, qui n'eût pas tardé à sonner pour lui, et prit brusquement sa retraite.

Retiré à Sennecey-le-Grand, berceau de sa famille, il eut plus d'une fois l'occasion, au milieu des dangers dont la société semblait menacée en 1848, de donner aux hommes d'ordre l'exemple du courage du soldat uni à la fermeté du citoyen. L'Empereur lui en exprima de vive voix ses félicitations les plus flatteuses.

Dans le courant de sa carrière militaire, il reçut la croix de Chevalier, Officier et Commandeur de la Légion-d'Honneur, de Saint-Louis, de l'Ordre de Bavière, de la Couronne de Westphalie ; après sa retraite, la médaille de Sainte-Hélène et les palmes d'Officier de l'instruction publique. Appelé trois fois par l'élection populaire à remplir le mandat de membre du Conseil général, il reçut de ses concitoyens l'hommage dû à son mérite, à ses qualités privées, à son amour du bien public.

Personne n'ignore, dans cette foule triste et recueillie, combien le colonel Nièpce aimait à rendre service. Personne n'ignore aussi de quelle sollicitude paternelle il entourait les établissements consacrés à l'éducation et à l'enseignement. Malgré son âge très-avancé, on le voyait toujours au premier rang pour aider l'administration dans l'accomplissement de son œuvre. Son dévoûment aux personnes et aux institutions était visible à tous.

Comme chef de famille, il était un exemple à suivre. Il avait su modeler à l'image de son caractère élevé celui de chacun de ses fils, qui ont pu, grâce à son impulsion, marcher sur ses traces et devenir des hommes utiles à leur pays.

Mais je m'arrête, car je ne saurais écrire la vie du colonel Nièpce ; elle mérite un historien plus éloquent.

Mes dernières paroles je les adresse à vous, ombre vénérée qui planez au-dessus de nous. Recevez notre éternel adieu. Vous allez reposer auprès de celle dont la bonté et l'inépuisable charité ont laissé ici, dans tous les cœurs, un impérissable souvenir. Votre vie fragile a été brisée. C'est le sort qui nous attend tous ; mais votre mémoire vivra toujours parmi nous et sera indéfiniment l'orgueil du pays qui vous a vu naître, que vous avez honoré par votre belle carrière civile et militaire, et que vous avez quitté avec le courage d'un soldat et la pieuse résignation d'un chrétien.

DISCOURS DE M. CLIGNY.

Messieurs,

Il ne m'appartient pas de faire ressortir tous les côtés remarquables de la longue et honorable carrière de l'homme éminent dont nous avons aujourd'hui à regretter si vivement la perte ; je ne serais pas un interprète suffisamment digne de ses hautes qualités. Ceux qui, par leur âge, se rapprochent de ces temps extraordinaires auxquels il a consacré la première partie de sa virile existence, peuvent dire avec quelle bravoure militaire il a pris part à ces faits gigantesques de l'époque du premier Empire. Ceux qui ont été les témoins rapprochés de sa vie, après que la paix lui a demandé les occupations du citoyen, savent par quel sage et réglementaire emploi de ses journées, par quel désir d'être utile à ses semblables, par quelles fonctions honorifiques scrupuleusement et assidûment remplies, et même, — puisque beaucoup de ses loisirs ont été consacrés à des œuvres de délicates sculptures, — je dirai par quelles preuves de goût artistique il s'est montré l'un des dignes représentants de cette honorable famille des Nièpce dont nous écrirons, je l'espère, un jour le nom sur l'airain pour rappeler aux générations futures que c'est à ce nom que doit se rattacher le mérite de l'une des plus extraordinaires découvertes des temps modernes.

Mais il est un des côtés de la vie de M. Nièpce que les membres de l'enseignement primaire, qui sont ici présents, me reprocheraient de ne pas aborder, au moins en quelques mots partis du cœur.

Il y a quelques semaines, nos écoles voyaient encore ce digne membre de notre conseil départemental, ce délégué fidèle à sa mission, apporter l'encouragement de ses visites et de ses paroles aux enfants de nos classes et à leurs maîtres. Quel est celui qui, à 88 ans comme il le faisait il y a quelques jours à peine, consacre encore son temps, ses visites, sa sollicitude, ses moyens d'émulation à de pauvres petits écoliers ?

Nous aimions à voir sur cette mâle poitrine, à côté de l'étoile de l'honneur et de la bravoure militaire, cet insigne plus modeste de l'Officier de l'instruction publique. Cette réunion des deux insignes était pour nous l'emblème, la réunion de ses éminentes qualités. Oui, Colonel, sous votre croix de Commandeur, nous voyions dans le passé de votre carrière exceptionnellement longue, exceptionnellement forte, exceptionnellement utile à vos concitoyens, nous voyions l'imposant exemple d'une bravoure et de vertus militaires que personne ne vous conteste ; derrière les titres des fonctions que votre civisme avait gratuitement acceptées, sous votre palme d'Officier de l'instruction publique, nous voyions comment on dévoue son temps, son cœur et son intelligence au bien de ses semblables, et dans le cri d'adieu qui s'échappe de la poitrine si tristement émue de vos amis, il nous semble entendre ces mots qu'il n'est pas donné à tout homme de faire prononcer après lui, mais qui s'attachent à votre souvenir par une association inévitable de nos idées : Courage, droiture, dévoûment !

Ces paroles ont été écoutées au milieu d'une profonde émotion ; puis, chacun s'est retiré, s'abandonnant aux regrets que causait cette mort.

Les hommes, qui, comme M. le colonel Nièpce, ont marqué leur vie par des actes utiles, laissent ici-bas une empreinte qui ne s'efface pas. Son souvenir vivra toujours dans l'estime et la considération de ses concitoyens.

Celui que nous regrettons appartenait à cette famille qui, par la célébrité qui s'attache à son nom, devait être une des gloires de notre Bourgogne. Qu'il nous suffise de rappeler que le défunt était un des parents de Nicéphore Nièpce, l'inventeur de la photographie.

IMPRIMERIE ALPH. LEROY FILS. — RENNES.

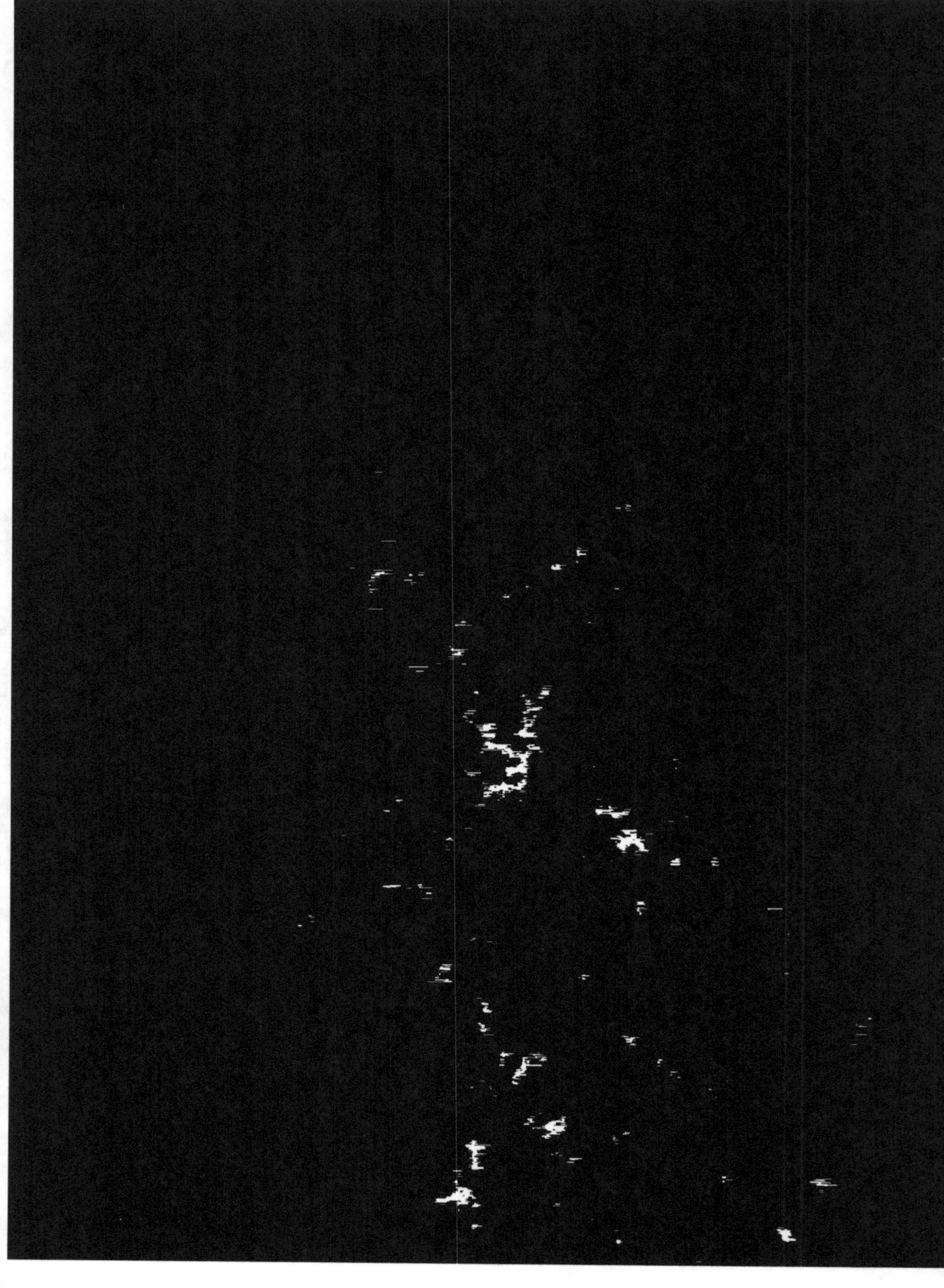